LES
COLONIES FRANÇAISES

NOTICES ILLUSTRÉES

Publiées

PAR ORDRE DU SOUS-SECRÉTAIRE D'ÉTAT DES COLONIES

SOUS LA DIRECTION DE M. LOUIS HENRIQUE
Commissaire spécial de l'Exposition coloniale.

LA RÉUNION

PARIS

MAISON QUANTIN
COMPAGNIE GÉNÉRALE D'IMPRESSION ET D'ÉDITION
7, rue Saint-Benoît, 7

1889

LES
COLONIES FRANÇAISES

NOTICES ILLUSTRÉES

Publiées

PAR ORDRE DU SOUS-SECRÉTAIRE D'ÉTAT DES COLONIES

SOUS LA DIRECTION DE M. LOUIS HENRIQUE

Commissaire spécial de l'Exposition coloniale.

———

LA RÉUNION

PARIS
MAISON QUANTIN
COMPAGNIE GÉNÉRALE D'IMPRESSION ET D'ÉDITION

7, rue Saint-Benoît, 7

Cette publication, conçue sur un plan absolument nouveau, est, avant tout, un ouvrage de vulgarisation, qui a pour but de faire connaître au public nos possessions d'outre-mer sous l'aspect le plus réel, le plus vivant et le plus attrayant tout à la fois.

Ce n'est ni une simple description géographique, ni un précis historique écourté, ni une banale énumération de noms et de produits, ni un recueil de chiffres, tableaux et renseignements statistiques, encore moins un plaidoyer en faveur de tel ou tel système de politique coloniale : c'est une œuvre sincère, impartiale.

C'est la description fidèle des pays lointains, mal connus et mal jugés souvent, qui forment notre domaine extérieur, la peinture exacte des habitants qui peuplent ces petites Frances disséminées à travers les Océans, une sorte d'inventaire de notre richesse coloniale.

C'est pour le colon, le commerçant, le voyageur, une source de documents précieux sur le climat, l'alimentation, l'hygiène, les prix des denrées, le taux des salaires, les genres de culture et leur production, les voies et moyens de transport, le coût des voyages : en un mot, sur tout ce qui constitue la vie économique et sociale dans chacune de nos colonies; nous signalons même ce chapitre des notices comme particulièrement nouveau.

L'ouvrage comprend cinq parties, formant chacune un volume, divisé chacun en quatre fascicules :

I. — Colonies et protectorats de l'océan Indien. — La Réunion. — Mayotte, les Comores, Nossi-Bé, Diego-Suarez, Sainte-Marie de Madagascar. — L'Inde française. — Suivis d'une notice sur Madagascar.

II. — **Colonies d'Amérique.** — La Martinique. — La Guadeloupe. — Saint-Pierre et Miquelon. — La Guyane.

III. — **Colonies et protectorats d'Indo-Chine.** — Cochinchine. — Cambodge. — Annam. — Tonkin.

IV. — **Colonies et protectorats de l'océan Pacifique.** — La Nouvelle-Calédonie. — Tahiti, les Iles-sous-le-Vent. — Wallis, Futuna, Kerguelen. — Suivis d'une notice sur les Nouvelles-Hébrides.

V. — **Colonies d'Afrique.** — Le Sénégal. — Le Soudan français. — Le Gabon-Congo. — La Guinée. Obock. — Suivis d'une notice sur Cheïk-Saïd.

M. Louis Henrique, commissaire spécial de l'Exposition coloniale, a été officiellement chargé par M. le Sous-Secrétaire d'État des Colonies d'élaborer le plan de l'ouvrage et d'en diriger la publication. Il a eu pour collaborateurs :

MM. Charvein.	MM. Baron Michel.
Clos.	Morigeau.
Deloncle (J.-L.).	Pellegrin.
Duluc (Jean.).	Raoul.
Ebrard St-Ange.	Révoil.
de Fonvielle.	Tréfeu.
François.	Vérignon.

Toutes les illustrations ont été dessinées d'après nature spécialement pour cet ouvrage ; une ou plusieurs cartes dressées par M. Paul Pelet, d'après les documents les plus récents et les plus complets, accompagnent chaque monographie.

LA RÉUNION.

SAINT-DENIS. — Les débarcadères

LA RÉUNION

CHAPITRE PREMIER

Précis historique.

Prise de possession au nom de la France. — Début de la colonisation. — L'île est concédée à la Compagnie des Indes (1665). — L'île retourne au roi, après la faillite de la Compagnie des Indes, en 1764. — Pendant la période révolutionnaire. — Sous Napoléon Bonaparte. — Après plusieurs descentes infructueuses, les Anglais s'emparent de l'île le 8 juillet 1810. — Elle est rétrocédée à la France le 6 avril 1815. — Le 8 janvier 1817 le gouvernement de la Restauration abolit la traite. — Les hommes célèbres.

PRISE DE POSSESSION AU NOM DE LA FRANCE. — L'île de la Réunion fait partie de l'ancien domaine colonial de la France, dont on peut dire qu'elle fut longtemps comme la perle. La beauté et la salubrité de son climat, la richesse de son sol, le pittoresque et la diversité de ses sites justifient pleinement les enthousiasmes nombreux qu'a provoqués ce pays favorisé, dont les fils, si Français, se sont toujours honorés de professer à l'endroit de la mère patrie le culte le plus ardent.

C'est en 1638 que le capitaine Salomon Gaubert prit, au nom du roi, possession de l'île; absolument déserte, elle était, à cette époque, connue sous le nom d'île *Mascareigne*, qui lui venait du passage à travers ces parages, en l'an 1545, du navigateur don Pedro Mascarenhas. On peut croire qu'elle a été découverte en même temps que les îles Rodrigue et Maurice, par Diego Fernandès Pereira, dont elle aurait reçu son premier nom, *Santa Appolonia*. A ces premières dénominations il faudra plus tard ajouter celles d'île *Bourbon* et d'île *Bonaparte* qui lui ont été données successivement, marquant les étapes de notre histoire.

La formalité de la prise de possession au nom de la France fut renouvelée plusieurs fois et à des intervalles rapprochés. D'abord, en 1642, par de Pronis, agent de la Compagnie des Indes à Madagascar, qui, rapporte-t-on, ayant eu à réprimer une révolte de ses propres compagnons, en déporta dans l'île une douzaine choisis parmi les plus mutins.

Tels auraient été les premiers colons européens de la Réunion. Cependant ils avaient disparu quand, en 1663, débarquèrent deux Français, dont l'un se nommait Payen, amenant avec eux sept noirs et trois négresses de Madagascar. Les noirs auraient bientôt abandonné leurs maîtres pour se réfugier dans les montagnes de l'intérieur, créant ainsi le premier noyau des tribus de nègres marrons.

DÉBUT DE LA COLONISATION. — Des occupants plus sérieux arrivèrent presque aussitôt après de Lorient, sur le navire *le Taureau*, pour succéder à Payen; ceux-ci étaient des employés et ouvriers, envoyés par la Compagnie des Indes orientales, à laquelle le roi venait de faire la cession du pays dont elle avait enrichi ses États (1664).

Étienne de Flacourt, successeur de de Pronis, avait déjà, quelques années auparavant, baptisé, de sa propre initiative, l'île du nom de *Bourbon*, en affirmant les droits de son souverain sur ce nouvel Éden.

Enfin, Jacob de la Haye accomplit encore, en 1671, la cérémonie de prise de possession officielle, et la tradition a conservé le nom de *la Possession* au village situé à l'est de la pointe des Galets, où eut lieu cette consécration définitive des droits de la France.

La Compagnie des Indes. — En 1665, la Compagnie des Indes nomme un premier gouverneur de l'île et choisit pour titulaire de ce poste Étienne Régnault. Mais à partir de 1689, c'est le roi qui nommera les gouverneurs. Ces dernières dates marqueront aussi le point de départ de la véritable ère de colonisation et de prospérité de l'île.

Dans la longue liste des gouverneurs qu'a comptés le pays, les noms les plus marquants, pour cette époque d'activité et de progrès, sont ceux : de Dumas, qu'on peut à bon droit considérer comme le réel fondateur de la colonie et qui séjourna à Bourbon de 1727 à 1735 ; — de Labourdonnais, l'illustre Malouin, qui appartient à notre histoire par sa carrière si éclatante et si troublée, et qui fut gouverneur général des îles de France [1] et Bourbon, de 1735 à 1740 et de 1742 à 1746, réunissant ainsi les deux îles sous son autorité ; — de Poivre enfin, commissaire général de la marine, nommé en 1767 intendant des îles de France et Bourbon.

Ces noms connus ou célèbres correspondent aux périodes les plus remarquables du développement matériel de la colonie.

Retour au roi. — En 1764, la Compagnie des Indes tombe en faillite et Bourbon fait retour au roi qui, par une ordonnance du 25 septembre 1766, règle les conditions nouvelles du gouvernement des deux îles.

---

1. Aujourd'hui île Maurice : dès l'année 1721, Duronguet le Toullec avec pris possession de l'île de France que venaient d'abandonner les Hollandais.

Un gouverneur général et un intendant résident à l'île de France et un gouverneur particulier, assisté d'un commissaire ordonnateur de la marine, à Bourbon.

De nouveau, comme sous Labourdonnais, le siège de l'administration et du gouvernement se trouve transféré à Port-Louis. L'île de France d'ailleurs offrait, pour une défense utile dans les luttes maritimes, par ses havres et ports, des facilités dont Bourbon était totalement dépourvue, ses côtes ne présentant, à cette époque, aucun abri sûr aux navires.

Cette infériorité eut pour résultat de reporter plus loin le théâtre des guerres acharnées soutenues, au dernier siècle, par la France dans les mers des Indes contre les nations rivales, sans empêcher toutefois les créoles de la Réunion de participer aux brillants combats qu'engageaient les Labourdonnais et les Suffren.

LA PÉRIODE RÉVOLUTIONNAIRE. — La part que prenait la florissante colonie aux événements qui se passaient en France s'accusa davantage lorsque s'ouvrit la période de la Révolution. L'esprit et les mœurs de la population ne la prédisposaient ni aux excès ni aux violences sanguinaires, et on peut dire que Bourbon profita presque exclusivement des bienfaits de la rénovation politique, sans en subir les dangereuses secousses.

Le 14 juillet 1790, ses représentants assistaient à la fête de la Fédération et saluaient l'ère nouvelle, au nom de leurs concitoyens.

Dès le 25 mai de la même année, s'était réunie à Saint-Denis, la capitale de l'île, l'assemblée générale des députés des quartiers, composée de cent vingt-cinq membres. Cette assemblée rassembla tous les pouvoirs, organisa les municipalités, la garde nationale, et se retira, le 5 octobre 1790, après avoir élu des députés à l'Assemblée nationale.

Elle fut remplacée par une assemblée coloniale qui promulgua les lois adoptées par l'Assemblée nationale sur la noblesse, les biens du clergé, arbora le drapeau tricolore, et créa du papier-monnaie dit « de confiance ».

Les îles de France et de Bourbon fusionnèrent et, à raison de cet événement, Bourbon reçut des *patriotes* réunis des îles sœurs le nom emblématique de la Réunion.

Le 16 mars 1791, la République fut proclamée, et une nouvelle organisation créée. L'élection des juges tout d'abord fut votée; l'ancienne juridiction royale fut remplacée par un tribunal de première instance et une cour d'appel; des justices de paix furent instituées.

Ces changements, comme nous l'avons dit, s'opéraient, en dépit de l'effervescence du temps, dans un calme relatif. Cependant le gouverneur Duplessis, le 11 avril 1794, fut arrêté par les patriotes et emprisonné à l'île de France. Deux attaques, dirigées contre l'assemblée coloniale, en avril 1797 et en février 1799, avaient dû être réprimées et les insurgés furent condamnés à la déportation.

Sous NAPOLÉON BONAPARTE. — Mais bientôt se manifestait à nouveau l'autorité du gouvernement métropolitain. Le général Decaen, capitaine général des Établissements de l'est du cap de Bonne-Espérance, arrivait, porteur de l'arrêté consulaire du 2 février 1803 sur l'organisation administrative des deux colonies.

Le gouvernement général était confié au gouverneur de l'île de France, assisté d'un Préfet colonial et d'un commissaire de justice; à la Réunion s'établissaient un commissaire particulier et un sous-préfet.

C'était un retour à l'état de choses existant avant 1790, la colonie se trouvant replacée sous la direction de l'île sœur.

Une proclamation du 15 août 1806 donna à la Réunion le nom d'*île Bonaparte*.

Le capitaine général s'occupa surtout de législation, promulgua successivement le code civil, le code de procédure, le code de commerce, de nombreux arrêtés et règlements.

LA SOUVERAINETÉ ANGLAISE ET LA RÉTROCESSION A LA FRANCE.
— Mais les tranquilles destinées de la colonie allaient être
suspendues par les effets de la guerre. Le 16 avril 1809, les
Anglais débarquaient à Sainte-Rose et y détruisaient une
batterie; le 21 septembre, ils opéraient une nouvelle descente à Saint-Paul. Ne pouvant supporter cette nouvelle
violation du territoire, le gouverneur des Brulys se donna
la mort. Enfin le 8 juil-
let 1810, les Anglais, sous
le commandement d'Aber-
combrie, forcèrent l'île à
capituler; privés de tout
secours par mer, nos com-
patriotes, après une énergique défense dans la
plaine de la Redoute, du-
rent mettre bas les armes.
Le gouverneur de Sainte-
Suzanne signa la reddition.

L'île resta au pouvoir
de l'Angleterre jusqu'au
6 avril 1815, date à la-
quelle elle fut rétrocédée
à la France.

Parny.

A cette époque, la Réu-
nion reprit son ancien nom de Bourbon. Le gouvernement
de la Restauration y installa de nouveaux gouverneurs.

ABOLITION DE LA TRAITE. — La République française avait
généreusement proclamé l'abolition de l'esclavage; mais
les planteurs, encouragés par le gouverneur général Ma-
lartic, avaient résisté aux ordres de la mère patrie. Les
commissaires envoyés par le gouvernement de la République avaient été rembarqués avec les soldats qui les
avaient accompagnés.

Le 8 janvier 1817, le gouvernement de la Restauration
abolissait de nouveau la traite.

Le 21 août 1830, le drapeau tricolore, depuis quinze ans disparu, était pour la seconde fois arboré à Bourbon. Un des premiers actes du gouvernement de Juillet fut de proclamer l'égalité entre les citoyens.

La seconde République restitua à la colonie son nom de Réunion qui avait été consacré, en 1793, par un décret de la Convention. Une loi de 1845 avait donné aux esclaves la faculté de se racheter. Le gouvernement provisoire proclama leur émancipation et leur accorda, avec la liberté, la qualité de Français. En 1870, les droits de vote et d'éligibilité leur étaient conférés.

En étudiant en détail l'administration de la Réunion, nous compléterons son histoire dont le cours, depuis le rattachement à la mère patrie, n'est plus, en fait, qu'une succession de modifications ou de progrès intervenus dans le régime intérieur de l'île.

Bertin.

LES HOMMES CÉLÈBRES. — Nous ne terminerons pas ce chapitre sans avoir rappelé que dans l'île de la Réunion virent le jour, au siècle dernier, deux écrivains qui ont laissé un nom dans les annales de la littérature française, Antoine Bertin et le chevalier de Parny. Poètes anacréontiques, ils ont tous les deux produit des œuvres dont le caractère léger et voluptueux, l'élégance et la grâce, reflètent les mœurs frivoles de la société du temps.

Bertin, né à Bourbon en 1752, avait embrassé la carrière des armes et devint capitaine de cavalerie. Il est l'auteur d'un recueil de poésie, *les Amours,* ouvrage qui eut un

grand succès. Le poète mourut à Saint-Domingue, à l'âge
de trente sept ans, emporté par une fièvre qui l'avait saisi
dans cette colonie le jour même de la cérémonie de son
mariage avec une jeune créole dont il s'était épris en
France. Bertin était l'ami très fidèle de Parny.

Ce dernier était né en 1753, à Bourbon également. Il se
destina d'abord à l'Église et aurait, dit-on, voulu se faire
trappiste. Mais ce n'était point là sa vocation, et, comme
Bertin, on le vit plus tard capitaine de dragons. Parny
l'emportait sur son émule en élégies par son penchant
extrême à la licence. Sa poésie est souvent érotique.

Lorsqu'il mourut en 1814, le chevalier faisait depuis longtemps partie de l'Institut.

Le poète Leconte de Lisle, dont s'honorent nos lettres,
est créole de la Réunion ; c'est dans la ville de Saint-Paul
qu'est né le successeur de Victor Hugo à l'Académie.

La Mangue.

Les Sources de Mafatte.

CHAPITRE II

Description géographique.

Situation. — Partage en deux massifs. — Volcan du Grand-Brûlé. — Opinion du géographe Bory de Saint-Vincent. — Cours d'eau. — Canaux et barrages. — Sources ferrugineuses et sulfureuses. — Routes. — Chemins de fer. — Les nouveaux forts. — Ethnographie. — Faune.

SITUATION. — Placée dans l'hémisphère Sud, un peu au-dessus de la ligne du tropique, l'île de la Réunion occupe dans la mer des Indes et dans le groupe des îles Mascareignes comme un poste d'avant-garde, à 140 lieues à l'Est des côtes de la grande île de Madagascar.

Elle se trouve sur la route que les premiers navigateurs durent suivre, après avoir enfin doublé le cap des Tempêtes, devenu le cap de Bonne-Espérance, pour gagner au Nord les Indes et les mers de l'extrême Orient; elle a été longtemps une station désirée ou nécessaire des successeurs de ces hardis navigateurs.

Le percement de l'isthme de Suez, en modifiant d'une façon si complète le tracé des routes maritimes, a de même transformé la condition géographique de l'île de la Réunion.

Par la voie de la Méditerranée et de la mer Rouge, le trajet de France, du port de Marseille à la Réunion, est de 1770 lieues; il s'effectue en 21 jours.

Exactement, l'île de la Réunion est comprise entre 52° 55′ et 53° 12′ de longitude Est et 20° 50′ et 21° 20′ de latitude Sud.

On peut donc évaluer que l'heure y avance de trois heures et demie sur celle de Paris, le soleil devançant de ce temps le passage à son méridien.

PARTAGE EN DEUX MASSIFS. — L'ensemble de l'île affecte la forme d'une ellipse de 71 kilomètres de longueur sur 51 de largeur, dirigée du Nord-Ouest au Sud-Est. Sa superficie est de 260,000 hectares et le développement de ses côtes de 207 kilomètres, sans grandes échancrures ni grandes saillies.

Ces côtes, à cause de la brusque profondeur des eaux environnantes, ne présentent aucun écueil, sauf deux rochers, le *Cousin* et la *Marianne*, dont l'existence est signalée aux navires, venant de la direction Nord-Est, par le phare du *Bel-Air*.

Les caps ne sont que des pointes peu proéminentes; les principaux sont: la *Pointe des Galets* au Nord-Ouest, le cap *Bernard* et la *Pointe des Jardins* au Nord, la *Pointe des Cascades*, à l'Est, et au Sud, les Pointes de l'*Étang salé* et de l'*Angevin*.

L'île est remarquable par son apparence grandiose et la magnificence de ses horizons, mais elle n'a plus aujourd'hui les forêts qui descendaient jusqu'à la mer et qui lui avaient valu des voyageurs l'appellation significative de *Nouvel Éden*.

La Réunion est de formation volcanique. L'île se divise

nettement en deux massifs, deux cônes juxtaposés, reliés par un vaste plateau nommé *Plaine des Cafres*.

C'est seulement à l'issue des gorges que se montrent d'étroites plaines d'alluvions et de galets ; mais, partout ailleurs, les escarpements commencent au bord de la mer, et l'on monte par des pentes régulières, sans ressauts, jusqu'aux plateaux qui occupent l'intérieur de l'île et qui, comme la Plaine des Cafres, atteignent ou dépassent 1,600 mètres en altitude.

Le massif occidental, le plus important et le plus élevé, celui des Salazes, ainsi nommé d'une vague ressemblance de forme avec les *salazes* ou broches en bois dont les indigènes se servent pour rôtir les viandes, a pour points culminants, le *Piton des Neiges* (3,069 mètres), dont le sommet chaque année est dessiné de blanches lignes de flocons, et le *Grand-Bénard* (2,892 mètres).

Le massif oriental, plus tourmenté encore, renferme un volcan en activité, qu'on nomme le *Grand-Brûlé*, se dressant au centre du « grand Enclos », sorte de vaste cirque, de forme semi-circulaire, qui prolonge jusqu'à la mer ses deux remparts extérieurs.

La paroi de ce cirque, dont la hauteur varie entre 250 et 300 mètres, et qui n'offre que de très rares ravins de descente est peut-être unique au monde par son étonnante régularité.

La superficie de l'Enclos est d'une centaine de kilomètres carrés, et le développement de son mur d'environ 45 kilomètres.

VOLCAN DU GRAND-BRULÉ. — L'aspect du volcan est fréquemment modifié par le bouillonnement des laves, des éruptions et les crevasses du sol ; souvent ses cratères actifs ont changé de place.

Le *piton Bory* (2,625 mètres), qui actuellement est le cratère le plus élevé, n'est pas resté en communication avec le foyer des matières en fusion. La cheminée d'éruption, dite *Piton de la Fournaise*, est moins haute d'une centaine de mètres; elle se termine par un orifice de 150 mètres environ de diamètre, d'où montent constamment des vapeurs ; en se penchant sur le bord du précipice, on aperçoit la nappe de terre en fusion de couleur brune striée par la lave ardente.

OPINION DU GÉOGRAPHE BORY DE SAINT-VINCENT. — Le naturaliste et géographe Bory de Saint-Vincent gravit plusieurs fois ces sommets dans les premières années de ce siècle, et la science lui est redevable de leur description complète.

Ce voyageur, constatant la fréquence des éruptions, estimait qu'à cette époque elles se produisaient « au moins deux fois l'an ».

De 1800 à 1860, on en a compté une en moyenne par période de trois années, et quelques-unes de ces coulées ont été fort abondantes.

On cite celle de 1862, qui se produisit aux deux tiers de la hauteur du Grand-Brûlé et descendit jusqu'à la mer pour y former un petit promontoire.

« En maints endroits du Grand-Brûlé, lit-on dans le grand ouvrage de géographie d'Élisée Reclus, des voûtes de scories dures recouvrent des galeries vides, par lesquelles s'échappèrent jadis des laves encore fluides ; ce n'est donc pas sans danger que l'on parcourt les pentes du volcan : la chute d'une coupole brisée peut entraîner le voyageur en de profondes cavernes.

« Vu de la mer, le Grand-Brûlé n'est pas aussi morne d'aspect que son nom pourrait le faire supposer.

« Des îlots de forêts, respectées par les coulées de pierres, sont épars au milieu des scories ; des broussailles, des fougères, et çà et là quelques arbres isolés se montrent sur les laves anciennes ; là végétation essaye partout de reconquérir l'espace d'où le feu l'avait extirpée. »

Les tremblements de terre sont très rares et peu sensibles dans l'île.

Une infinité de ravins parcourent les plans inclinés des

deux massifs où peuvent se contempler de prodigieux cirques d'érosion que les pluies ont creusés.

Ces ravins sont au nombre de cent sept, dont soixante-douze ne donnent de l'eau que pendant les grandes pluies; trente-cinq ont de l'eau en toute saison, quelques-uns en assez grande abondance pour être appelés rivières.

Aucun de ces cours d'eau pourtant n'arrive à être navigable.

LES COURS D'EAU. — « Les rivières de la Réunion, dit M. É. Reclus, peuvent être considérées comme offrant le type de torrents alpins, démolissant à l'amont, reconstruisant à l'aval.

« Dans la partie supérieure du bassin, chaque ruisselet érode et creuse ; puis, à leur sortie du cirque, unies en un seul canal, les eaux s'engagent dans une étroite écluse, pour s'étaler, dans le voisinage de la mer, en un large champ de galets, où s'accumulent les débris apportés de la montagne.

« On peut juger de la puissance d'érosion de ces torrents par le vide que représente chaque cirque dans l'épaisseur du plateau: celui de Salazie a perdu ainsi, par l'action des eaux, une masse de terre au moins égale à 80,000 millions de mètres, soit à 80 kilomètres cubes. Et cette puissance d'érosion ne peut que s'accroître par le déboisement des montagnes : l'homme travaille à transformer son île si fertile en une roche nue. La terre végétale des pentes est emportée vers la mer et parfois des pans entiers de débris s'écoulent d'un coup.

« En 1875, une seule coulée de débris, qui tomba sur le hameau du Grand-Sable, recouvrit un espace de 150 hectares sur une épaisseur de 40 à 60 mètres. »

Nous verrons plus loin ce qui a été tenté pour parer au danger du déboisement.

D'autre part, les sables et les galets des plaines alluviales du littoral, remués par les vagues et rejetés sur le rivage, s'élèvent en cordons qui s'opposent à l'écoulement normal des eaux; telle est l'origine des étangs que l'on trouve sur les plages de Saint-Louis (*Gol*), de Saint-Paul et du Bois-Rouge à Saint-André.

Quelques dépressions des cirques sont également occupées par de petits étangs permanents ou non: le *Grand-Étang*, à Saint-Benoît; les mares à *Poules d'eau*, à *Citrons*, à *Goyaves*, à Salazie, et la mare de l'*Ilet des Étangs*, à Cilaos.

Les principaux cours d'eau sont, dans l'ordre de leur importance, les rivières de l'Est, de Saint-Étienne, des Marsouins, du Mât et des Galets; puis viennent les rivières des Roches, des Pluies, de Saint-Denis, des Remparts, de Saint-Gilles, de Langevin, de Sainte-Suzanne et de Saint-Jean.

Les premiers ponts jetés sur ces rivières furent presque tous construits en charpente, en raison de la facilité qu'on avait de se procurer, presque à pied d'œuvre, les bois de grandes dimensions.

De ces ponts, il subsiste une centaine encore; le plus long est celui qui franchit la rivière des Marsouins; il a 134 mètres de longueur et compte seize travées. Mais la colonie a entrepris de remplacer ces ponts par des ouvrages métalliques ou en maçonnerie, au fur et à mesure que leur reconstruction sera reconnue nécessaire.

Déjà même il a été donné suite à plusieurs projets, et quelques ponts nouveaux en fer, s'ajoutant à ceux qui existent déjà, mais en petit nombre, ont pu être édifiés.

Le budget de la colonie pour 1888 portait pour la dépense totale des travaux publics, une somme de 494,000 fr. en chiffre ronds, et les crédits antérieurs n'étaient même pas aussi élevées. Il faut donc compter avec ces ressources relativement restreintes.

De 1825 à 1839, furent jetés trois grands ponts suspendus sur les rivières de l'Est, des Roches et du Mât. Les deux premiers ont été emportés par des crues d'eau et le troisième a été remplacé par un pont métallique.

LE PITON DES NEIGES.

LA RÉUNION.

2

CANAUX ET BARRAGES. — Il existe dans la colonie plusieurs canaux et barrages.

Parmi les canaux de dérivation, le plus ancien est celui qui, entrepris en 1770, pour actionner les minoteries, propriété du gouvernement, est connu sous le nom de Canal des moulins, sur la rive droite de la rivière de Saint-Denis.

Beaucoup d'autres canaux ont été construits pour l'alimentation des villes et des communes, deux, en 1836 et 1875, pour le service de la ville de Saint-Denis, ou pour l'irrigation des terrains du littoral.

Des projets de nouvelles dérivations ont été mis à l'étude pour être exécutées à des altitudes de 200, 400 et 700 mètres dans les rivières du Mât, des Pluies et des Galets.

Quant aux barrages, de façon générale, ils sont tous de faibles dimensions, presque tous construits dans les torrents de second ordre de la commune de Saint-Paul, qui en possède treize sur son territoire.

« Le premier de ces ouvrages est dû à M. Escudé, curé de Saint-Gilles-les-Hauts, à qui revient l'honneur d'avoir donné une idée que M. le sénateur Milhet-Fontarabie, alors maire de Saint-Paul, a su faire fructifier.

« Grâce à l'initiative de l'honorable sénateur, la population des Hauts de Saint-Paul, qui ne pouvait autrefois se procurer de l'eau qu'au prix des plus lourds sacrifices, trouve aujourd'hui, à proximité de ses demeures, des réservoirs qui suffisent à peu près à la consommation annuelle. L'exemple ainsi donné a été suivi par deux propriétaires qui ont pu, par la création de réservoirs, assurer à leurs usines l'eau nécessaire à leur fonctionnement (*Notices coloniales publiées à l'occasion de l'Exposition universelle d'Anvers en 1885).* »

SOURCES FERRUGINEUSES ET SULFUREUSES. — L'île de la Réunion, qui possède des sources ferrugineuses froides assez nombreuses, mais dont on ne saurait, sans emploi de moyens artificiels, tirer parti que sur place, renferme également des sources thermales sulfureuses et des sources bicarbonatées mixtes.

Les sources sulfureuses connues sont toutes situées dans le cirque de la rivière des Galets, au Nord-Ouest de l'île.

Un établissement s'est fondé au lieu dit Mafatte, à 20 kilomètres de la route nationale allant de la Possession à Saint-Paul, à une altitude de 682 mètres.

Le site est des plus pittoresques. Des pavillons nombreux ont été construits par des particuliers encouragés également par l'exemple du docteur et sénateur Milhet-Fontarabie, qui préconise, avec une incontestable autorité, les vertus curatives des eaux de Mafatte.

Le trajet s'effectue généralement en fauteuil, mode de transport spécial à la colonie : on suit d'abord le lit de la rivière des Galets que l'on traverse un grand nombre de fois, puis un sentier de cavalier, sur la rive droite de la rivière, dans une gorge dénudée, de l'aspect le plus sauvage.

Le jaugeage de la source a donné un débit de 900 litres à l'heure; la température de l'eau s'élève à 31 degrés centigrades.

Ces eaux sont employées tant en boissons qu'en bains d'après leur composition; elles se rapprocheraient beaucoup des eaux sulfurées iodiques de Saint-Sauveur et d'Amélie-les-Bains et des Eaux-Chaudes dans les Pyrénées, mais elles renferment une plus grande quantité de fer.

Quant aux eaux de la source bicarbonatée mixte de Salazie, situé presque au centre de l'île, elles offriraient des propriétés analogues à celles du Mont-Dore et de Royat en Auvergne.

Cette source est facilement abordable par la route carrossable qui suit les gorges de la rivière du Mât, d'aspect si grandiose, pour aboutir à Hell-Bourg.

Les étrangers trouvent dans ce village deux hôtels et de nombreuses maisons particulières. Un hôpital militaire y a été créé. La localité renferme, en outre, deux établissements de douche froide d'une grande puissance.

Les sources sont à l'altitude de 872 mètres et leur température est de 33 degrés. Le débit est de 900 à 1,000 litres par heure. Ces eaux ont l'avantage d'être d'une conservation facile, et par conséquent transportables.

De même nature que les sources de Salazie, les sources de Cilaos n'en différeraient que par une plus forte teneur en fer, en matières organiques et en acide carbonique libre.

C'est par un chemin qui présente les aspects les plus variés qu'on atteint les sources de Cilaos, situées à une altitude de 1,114 mètres dans le cirque de même nom, à 36 kilomètres au Nord de Saint-Louis. Presque toute la route s'effectue à cheval ou en fauteuil à porteurs.

Au contraire de ce qui se passe à Salazie, où le traitement hydrominéral se réduit presque au traitement interne, dans la station de Cilaos la balnéation constitue le traitement principal.

Les baignoires consistent en de simples tranchées, creusées dans le gravier, dont les parois sont soutenues par de petits murs en pierres sèches. Ces fosses sont abritées par de simples paillottes éminemment rustiques. Elles se remplissent naturellement, par le fond et les parois, d'eau minérale dont la température est de 38 et même de 40 degrés pour les baignoires d'amont, et descend jusqu'à 28 degrés dans la baignoire inférieure. Une source fournit de l'eau à 20 degrés, qui est celle qu'on préfère comme boisson.

Les habitants de la colonie et même ceux de l'île Maurice fréquentent en grand nombre ces sources thermales. Outre les bienfaits du traitement, les baigneurs trouvent à une altitude plus élevée un soulagement aux chaleurs estivales qu'ils ont à supporter sur le littoral. Au fur et à mesure du développement des moyens de communication, ces stations, comme celles qui se créent à nouveau, sont appelées à une plus grande prospérité.

LES ROUTES. — Il va de soi que le système orographique

de la Réunion, tel qu'on le connaît, les reliefs du sol, la multiplicité des pentes, des ravines et cours d'eau, la rapidité et la variabilité du débit de ceux-ci, l'encaissement quelquefois extraordinaire du lit des rivières, ont constitué de nombreux obstacles à l'établissement des routes et chemins sur la surface de l'île.

En 1720, on traçait un premier sentier entre Saint-Benoît et Saint-Paul. En 1735, on continua ce sentier à travers le quartier de Saint-Paul; en 1736, on le poursuivait jusqu'à

Pont de la rivière du Mât.

Saint-Leu; en 1737, jusqu'à Saint-Pierre. En 1738, on répara et élargit tout ce chemin.

En 1753, on ouvrit un sentier entre Saint-Benoît et Saint-Pierre, par les plaines successives des Palmistes et des Cafres. Quarante ans après, en 1793, on songeait à tracer le chemin entre Saint-Benoît et Saint-Pierre, par le Grand-Brûlé.

Ce n'est qu'à partir de 1825 que fut réellement entreprise la construction des véritables routes que possède la colonie et qui ont coûté une somme d'environ 40 millions de francs.

La route nationale de ceinture, traversant tous les quartiers du littoral et desservant la région habitée et cultivée, présente un développement de 232 kilomètres.

Neuf autres routes, sillonnant en divers sens le territoire

de la Réunion, complètent le chiffre total des 514 kilomètres de routes dites nationales, entretenues sur les
fonds du budget local.

A l'exception de trois de ces routes, qui ne sont que des
chemins pour piétons et cavaliers, toutes mesurent 4 à
10 mètres de large et sont régulièrement empierrées. Un
personnel suffisant d'ingénieurs et conducteurs surveille
la réparation et l'entretien de ces voies de communication.

Comme il n'existe pas de plan cadastral du sol de la
Réunion, il est impossible de dénombrer les chemins entre-
tenus aux frais des communes ou propriété privée des
particuliers.

L'entretien des chemins vicinaux, ordinaires, d'intérêt
communal et de grande communication, figure aux budgets
réunis des communes pour une somme de 67,000 francs.

Tout ce que l'on peut dire de cette catégorie de chemins, c'est qu'il s'y rencontre peu d'ouvrages d'art, la
plupart des ravines étant franchies par des radiers provi-
soires; leur largeur varie entre 3 et 6 mètres.

Quant aux chemins particuliers, le tracé en est souvent
défectueux; mais ils sont en très grand nombre, trop grand
nombre même pour les nécessités d'exploitation du pays.
La cause en est dans la manière dont a eu lieu, à l'origine,
la distribution des terres.

On négligea de déterminer de façon suffisamment précise
les concessions de terrains. Il fut vaguement spécifié que
les terres situées entre tels et tels ravins, entre telle partie
de la montagne et de la mer, formeraient la propriété insti-
tuée.

Outre que rien ne devait être plus instable que de telles
lignes de démarcation, à cause du changement fréquent
du lit des rivières; outre, enfin, l'inconvénient d'intermi-
nables procès qui est fatalement résulté de cette incer-
titude des limites, procès à ce point redoutés que les
habitations arpentées et entourées de bornes avaient acquis

une plus-value importante, il est arrivé ceci, c'est que, par suite du morcellement des concessions primitives, il se rencontre beaucoup de propriétés qui n'ont qu'une vingtaine de mètres à la base, s'étendent sur plusieurs kilomètres de longueur et n'ont même pas 1 mètre de largeur au haut de la montagne.

Si, dans ces conditions, chaque propriétaire persiste à vouloir posséder un chemin qui lui soit propre, au lieu de s'entendre avec ses voisins pour créer une route d'exploitation commune, d'abord il y a une grande perte de terrain pour l'agriculture, ensuite ces voies multipliées, étroites, insuffisamment entretenues, se transforment en véritables ravins et contribuent à emporter vers la mer une plus grande quantité encore de terre végétale. Il y a donc lieu de souhaiter que cette entente nécessaire s'établisse promptement partout.

Les idées de progrès qui pénètrent pourtant avec rapidité à la Réunion, n'ont amené qu'assez tard l'établissement d'une première ligne de chemin de fer. Le projet n'en a été conçu que parallèlement à celui de la construction de ports dans la colonie, qui souffrait de n'avoir sur ses côtes ouvertes que des rades foraines, battues par la vague, dévastées par le vent, dont les navires devaient s'éloigner à l'approche des mauvais temps.

Le *Voyage pittoresque autour du monde*, instructif recueil en six volumes, publié sous la direction de Dumont-d'Urville, en 1842, nous fournit un tableau de ce qu'étaient les conditions de la navigation, les difficultés de l'embarquement et de la descente à la Réunion, avant une époque toute récente.

Le voyageur, qui fait la relation de la visite qu'il rendit à Saint-Denis, la capitale, raconte qu'il était arrivé sur le navire qui le portait, en face de la rivière dont un lit de galets marquait l'embouchure :

« Le lendemain matin, une pirogue m'attendait avec deux noirs; je m'embarquai et, quand j'approchai de la grève, à la vue de cette mer qui se brisait sur les galets, de cette houle courte et brusque, je ne savais comment je toucherais terre sans me mouiller.

« Je regardai avec surprise une espèce de débarcadère au-dessous duquel les chaloupes venaient se placer. Là, ballottées par les vagues, elles confiaient leurs marchandises et leurs passagers au jeu d'une grue qui les hissait sur un pont volant bâti sur pilotis et aventuré à une vingtaine de toises dans la mer. »

Une naïve gravure, qui accompagne ce texte, nous montre des officiers de vaisseau, en grand uniforme, opérant de leurs canots, par des échelles de corde, l'ascension de ce débarcadère où un matelot les aide à se hisser.

« A plusieurs reprises, poursuit le voyageur, on a bien essayé d'améliorer la rade ouverte de Saint-Denis au moyen d'un môle.

« Le gouverneur Labourdonnais ordonna, le premier, de grands travaux que ruinèrent les premiers raz de marée ; et, tout récemment encore, une jetée avait été construite, forte en apparence et encaissant une crique artificielle. Mais l'œuvre de notre siècle n'a pas tenu plus longtemps que celle du siècle dernier. Habituée à tourner sans obstacle autour des côtes arrondies de Bourbon, la mer emporta, dans l'ouragan qui suivit, et le môle, et tous les navires qui s'étaient fiés à sa protection.

« Depuis lors, les mouvements convulsifs des eaux ont arraché jusqu'à la base de cette digue, et il n'en est résulté qu'une ligne de récifs de plus aux abords du débarcadère. »

Pourtant, depuis lors, un grand débarcadère en fer a été construit à Saint-Denis ; la Possession en possédait un autre pour le service des bateaux à voyageurs qui faisaient le trajet de Saint-Denis ; en 1849 fut également édifié le pont de la rade de Saint-Paul.

En cas de cyclone, cas trop fréquent malheureusement, les caboteurs et les chaloupes qui font le service des rades

n'avaient comme lieu de refuge que deux petits havres
qu'ils n'atteignent même pas toujours avant la tempête, le

Sur la route de Mafatte.

barachois de Saint-Denis et le petit bassin de Saint-Pierre.
Partout ailleurs, il les faut haler sur la plage.

Deux projets de grands ports, accessibles aux forts na-

vires, ont fini par être adoptés et exécutés. Le port de
Saint-Pierre a été achevé et un autre grand port a été
creusé, en un point nouveau, à la Pointe des Galets.

Ces constructions entraînaient nécessairement l'établissement de moyens de transport rapides et économiques,
facilitant la concentration des marchandises d'exportation et la diffusion, dans le pays, des marchandises importées.

Les routes existant dans la colonie ne remplissaient pas
ces conditions, et pour utiliser la voie de mer il eût fallu
créer un cabotage coûteux et presque impossible à organiser, par les raisons que nous avons indiquées déjà. La
construction d'un chemin de fer s'imposait donc.

LES CHEMINS DE FER. — Sur ordre du ministre de la marine fut mis à l'étude, en 1873, le projet de chemin de fer
dont la concession devait être accordée à MM. Lavalley et
Pallu de la Barrière.

C'est à la fin de 1877 que les Chambres approuvèrent la
convention que les ministres de la marine et des finances
avaient passée avec la Compagnie du Port et du Chemin de
fer de la Réunion qui s'était constituée en 1878.

Les travaux ont été entrepris en 1879, sous la direction
de M. l'ingénieur Blondel, et achevés trois ans après.
L'exploitation commençait en février 1882.

Par suite de la configuration de l'île, les cultures n'étant
guère possibles que sur une zone assez étroite qui longe
le littoral, c'est à travers cette bande circulaire que se
développe la voie sur une longueur de 126 kilomètres, de
Saint-Benoît à Saint-Pierre, par Saint-Denis et le nouveau
port de la Pointe des Galets. La ligne compte douze stations et trois haltes.

« Une partie des premiers travaux de ce chemin de fer,
dit M. E. Raoul dans son intéressante notice sur la Réunion, qui exigea de nombreuses réfections, portait l'em-
preinte du scepticisme que rencontrait partout l'importance de son futur trafic.

« Dans les calculs que chacun avait faits de son rendement probable, on s'était servi d'un chiffre donnant la densité de la population, proportionnellement à la superficie totale de l'île; la population se trouvant, en réalité, presque exclusivement agglomérée sur le littoral, le chemin de fer bénéficiera, par ce fait, d'un mouvement qu'on ne soupçonnait même pas. »

Le chemin de fer de la Réunion peut être considéré comme le premier exemple d'un chemin de fer à voie étroite construit dans des conditions aussi difficiles; les ouvrages d'art s'y présentent avec une multiplicité et une importance exceptionnelles; aux difficultés provenant de la nature et de la configuration du terrain venaient s'ajouter celles qui résultaient du régime des torrents à traverser, du climat, et enfin des conditions spéciales du trafic à satisfaire.

Dans la partie de l'île dite *du Vent*, qui est comprise entre Saint-Benoît et Saint-Denis, la côte est assez basse et, à part un tunnel, situé sous le phare de *Sainte-Suzanne*, le tracé n'a pas présenté d'autres difficultés que celles qui résultent du passage des torrents près de leur embouchure.

Il n'en est pas de même pour la partie qui s'étend de Saint-Denis à Saint-Pierre. On y trouve, en sortant de Saint-Denis, une falaise à pic sur la mer, d'une altitude de plusieurs centaines de mètres, qui n'a pu être traversée qu'à l'aide de trois tunnels, d'une longueur totale de 10,550 mètres.

Aux environs de Saint-Paul et de Saint-Leu, on rencontre également des massifs élevés qu'on a pu franchir, le premier par une voie en encorbellement et de grandes tranchées, les autres à ciel ouvert, mais en construisant des viaducs de grande hauteur et adoptant des pentes de 17 millimètres.

Pour des raisons d'économie, le tracé en plan a suivi autant que possible les lignes de niveau du terrain; il en est résulté de nombreuses courbes, sans inconvénient à cause du peu de longueur de la ligne et par suite de la faible vitesse nécessaire pour satisfaire aux besoins du trafic. Cette vitesse est de 25 kilomètres à l'heure.

Le cahier des charges admettait des courbes de 80 mètres de rayon; cependant il n'en existe pas d'un rayon inférieur à 100 mètres; la plupart ont plus de 200 mètres.

De même pour le profil; le cahier des charges admettait des rampes de 25 millimètres par mètre. Cependant, dans l'exécution, on a pu ne pas dépasser 20 millimètres.

La voie est à l'écartement de 1 mètre entre les champignons des rails.

Ces rails sont très légers; ils ne pèsent que 14 kilogrammes par mètre courant; ils reposent sur des traverses en fer. On avait d'abord essayé des traverses en sapin injecté venant de France, mais le résultat avait été mauvais; d'autres essais faits avec des bois du pays et de Madagascar, même avec du palétuvier qui vit dans l'eau, n'avaient pas mieux réussi.

Quoique les traverses soient placées à 1 mètre de distance, écartement qui pourrait paraître un peu exagéré, vu la faiblesse du rail, la voie se comporte bien.

Les machines qui y circulent n'ont qu'un poids de 15 tonnes et, en service ordinaire, remorquent des chargements de 50 tonnes.

La plus grande partie des maçonneries a été faite avec de la chaux fabriquée dans l'île; dans la partie de l'île *Sous-le-Vent*, on trouve des coraux qui fournissent, en effet, d'excellente chaux, ce qui a permis de construire tout entiers en maçonnerie les ouvrages de cette portion de la ligne, tandis que dans la partie du vent les ouvrages comportent des tabliers métalliques.

Les tunnels ont été entièrement creusés dans le basalte. Les plus importants, comme il a été dit ci-dessus, sont ceux qui sont situés dans la falaise séparant Saint-Denis de la Possession.

Les travaux ont été attaqués sur trente-quatre points à la fois, par dix-sept galeries perpendiculaires à l'axe des tunnels et débouchant sur la falaise près d'un sentier de piétons qui la longe.

Ces galeries ont servi à l'extraction des débris qui étaient jetés à la mer. Le travail a été fait à la barre de mine et à la dynamite par des mineurs venus d'Europe au nombre

SALAZIE. — Pont de l'Escalier.

de 150 et des hommes du pays que ces mineurs ont formés.

La dépense totale, tunnels compris, a été de 150,000 fr. par kilomètre, c'est-à-dire qu'elle s'est élevée pour l'ensemble de la ligne à environ 20 millions de francs.

Les indications que nous venons de fournir sur la construction et l'établissement du chemin de fer de la Réunion ont été tirées pour la plupart du rapport de MM. Levalley et Molinos, inséré dans les mémoires de la Société des ingénieurs civils.

Le chemin de fer de la Réunion qui est exploité aujourd'hui directement par l'État, à la suite de la déchéance

de la Compagnie, a encaissé depuis sa mise en exploitation
les recettes annuelles ci après :

1883	779,746 fr. 29
1884	810,881 68
1885	768,751 92
1886	806,196 42
1887	849,416 99
1888	626,623 63

(jusqu'au 31 octobre.)

Quant au mouvement des voyageurs et des marchandises
par petite vitesse, il a été le suivant :

Années.	Voyageurs.	Marchandises (P. V.).
1883	293,520	16,378 tonnes.
1884	267,136	17,872 —
1885	282,193	17,194 —
1886	270,099	23,598 —
1887	204,875	37,581 —
1888	183,645	30,761 —

(jusqu'au 31 octobre.)

Le service de la grande vitesse transporte mensuellement une moyenne de 200 à 225 tonnes.

L'abondance des voyageurs s'est, on le voit, manifestée
surtout pendant la première année de l'exploitation. Quant
au point de vue du trafic des marchandises, du tonnage
transporté, il n'a cessé de s'accroître.

Il n'existe que deux types de voitures de voyageurs; les
tarifs sont de 0 fr. 10 pour la 1re classe, et 0 fr. 06 pour la
2e classe, et 0 fr. 15 par tonne de marchandise et par kilomètre.

L'organisation des trains ne permet pas le trajet complet de la ligne dans l'un et l'autre sens, dans la même
journée, mais les services sont installés en vue des besoins
locaux.

LES NOUVEAUX PORTS. — Pendant que se construisait ce
chemin de fer, si utile à la colonie, des travaux maritimes

importants se poursuivaient dans l'île. Porté devant les Chambres, le double projet de chemin de fer et de port de la Pointe des Galets avait été reconnu comme œuvre nationale. Secondant les sacrifices que faisait la colonie elle-même, en votant une subvention de 160,000 francs à payer pendant un laps de trente ans, le Parlement accordait à l'entreprise une garantie d'intérêts.

Dès 1873, M. le capitaine de vaisseau Pallu de la Barrière avait conçu l'idée de creuser un port à l'extrémité de la Pointe des Galets, idée qui fut adoptée et patronnée par M. l'ingénieur Levalley. Les promoteurs de l'entreprise en ont obtenu la concession, comme celle du chemin de fer leur avait été déjà accordée.

Les travaux du port de la Pointe des Galets ont été également entrepris sous la direction de M. Biondel. Ils ont exigé, à raison des difficultés qu'ils présentaient, une grande hardiesse de conception et des innovations originales qui font le plus grand honneur à deux habiles ingénieurs, MM. Fleury et Joubert, chargés de leur exécution.

Bien des projets de ports à établir sur divers points de la Réunion avaient été préconisés depuis plus d'un siècle et cette question passionnait la colonie, surexcitait l'esprit de clocher, au point de faire oublier l'intérêt général. Le choix de l'emplacement du port de la Pointe des Galets l'a emporté et il se justifie d'ailleurs tant par sa position côtière que par ses facilités d'accès de l'intérieur et en outre par des motifs techniques.

La Pointe des Galets, située à l'extrémité Nord-Ouest de Réunion, représente une grande plaine, à faible pente, dont la base, allant de la Possession à la rivière des Galets, mesure une dizaine de kilomètres de long. Sur ce vaste terrain, il est possible et commode d'élever tous établissements nécessaires au commerce de la colonie et aux services de la marine militaire. Raccordé à la ligne ferrée, presque à égale distance de ses deux points d'attache, Saint-Benoît et Saint-Pierre, projetant pour ainsi dire

comme deux bras égaux qui enlacent l'île presque complètement, le nouveau port présente cet avantage d'être
situé sensiblement au centre de gravité de la région productive de l'île, ce qui facilite la concentration des produits avec un minimum de frais de transport.

A un autre point de vue, la disposition de la Pointe des
Galets permettait d'y creuser entièrement le port à l'intérieur des terres, ce qui, tout en promettant aux navires
un abri plus sûr, exonérait de la construction de grands
travaux à la mer, non seulement coûteux, mais toujours
difficiles à établir et à maintenir dans des régions particulièrement agitées. La côte, en outre, avait ce mérite d'être
salubre, très accore, et par conséquent garantissait la conservation parfaite de l'entrée.

Si l'on se plaçait au point de vue nautique, la Pointe des
Galets n'était pas moins bien située. Protégée naturellement contre les vents du Sud-Est, elle est à l'écart de la
ligne que d'ordinaire suit la marche des cyclones qui, généralement, viennent attaquer l'île dans sa partie Nord-Est.

Tels sont les motifs qui ont été plus tard représentés avec
autorité par M. Blondel, et qui ont milité en faveur du choix
de la Plaine des Galets pour l'établissement d'un nouveau
port à la Réunion.

Lorsque le Conseil des travaux de la Marine eut approuvé
le projet, la Compagnie formée en vue de son exécution
se mit à l'œuvre, dans les conditions que nous avons indiquées, c'est-à-dire avec le double secours de la colonie et
de l'État. Ce dernier a dû aussi se substituer ces derniers
temps à la Compagnie concessionnaire et la direction et
l'exploitation du port sont à cette heure aux mains de ses
agents et ingénieurs.

L'entrée du port, aujourd'hui ouvert à la pleine exploitation, et que nous décrirons en usant des sources auxquelles
nous avons puisé les renseignements fournis sur l'établissement et la construction du chemin de fer de la Réunion,
débouche sur la côte de la Pointe des Galets par un chenal

de 250 mètres de long, protégé par deux jetées de 100 mètres de longueur enracinées sur la plage.

L'écartement des jetées entre les musoirs n'est que de 90 mètres, ainsi prévu pour ne permettre, pendant les tempêtes, l'introduction dans l'avant-port que de quantités d'eau peu importantes. Ce chenal, creusé à 9 mètres, donne accès dans un grand bassin mesurant 250 mètres de côté et dont la profondeur est de 8 mètres. Ce bassin qui con-

SALAZIE. — Entrée du village.

stitue l'avant-port est destiné à permettre à la lame de s'étaler.

C'est en creusant ce bassin que les travailleurs se sont inopinément heurtés à un large mur de gros galets que n'avait indiqué aucun des nombreux puits de reconnaissance creusés lors des premières études du port. La plus forte des dragues en service était impuissante à entamer ce mur de galets dont un grand nombre, cubant plusieurs hectolitres, ne pouvait entrer dans les godets, qui étaient trop petits.

Du côté opposé à la mer, cet obstacle fut attaqué à sec, mais de l'autre côté, l'avant-port, étant en partie creusé, communiquait déjà avec la mer où les gabares allaient déverser les déblais.

Une partie du mur devait donc être déblayée sous l'eau et on dut recourir à l'emploi d'appareils à air comprimé. Cet obstacle fut pour les constructeurs une sorte de pierre d'achoppement, et pour le surmonter des dépenses exceptionnelles furent faites.

De l'angle Nord-Est de l'avant-port part un canal de 150 mètres de longueur sur 8 mètres de profondeur, établissant la communication avec le port proprement dit.

Le port véritable se compose d'un grand bassin de manœuvre de 230 mètres de côté auquel aboutissent deux rues ou darses de 200 mètres de longueur et de 72 mètres de largeur, placées parallèlement. Bassin et darse sont creusés à 8 mètres. Entre les deux darses s'étend un grand terre-plein de 86 mètres de largeur sur lequel s'élèvent, au bord de l'eau même, les magasins-docks à étage. Cette disposition présente l'avantage de donner un grand développement de quais utilisables. Ces quais sont, ainsi que les docks, munis de voies ferrées qui communiquent avec la ligne principale du chemin de fer et assurent ainsi l'enlèvement et le transport rapide des marchandises débarquées.

Pour des raisons d'économie on n'a pas construit de murs de quai; mais, de distance en distance, sont établis de solides appontements, s'avançant jusqu'au fond de 7 mètres et que les navires accostent pour y embarquer et débarquer leurs cargaisons. Les pieux ou poteaux de ces appontements ont leur partie inférieure en fer; en bois, ils eussent été rapidement détruits par les tarets.

Ces estacades, munies d'engins de levage à vapeur, permettent un déchargement rapide. On n'enlève pas moins de 350 tonnes par jour, et les grands vapeurs de commerce, qui fréquentent aujourd'hui le port, terminent leurs opérations avec une rapidité dont on n'avait pas la notion sur les rades de la colonie, avant l'installation de cet outillage.

L'un des appontements porte une bigue qui permet de prendre à fond de cale et de mettre directement sur wagons des colis de 15 à 20 tonnes, tels que des générateurs et des cylindres de moulins à cannes.

Autrefois le débarquement et le transport à l'usine de pièces de cette importance correspondaient à une dépense supérieure au prix d'achat.

Le port a pour son service deux grands remorqueurs; son atelier de réparations peut servir pour les plus grands vapeurs. Une cale de halage complète ces installations.

Le port de la Pointe des Galets, dans son ensemble, n'aura pas coûté, pour sa construction, moins de 57 millions. Il a été ouvert à l'exploitation provisoire le 15 février 1886 et à l'exploitation définitive le 1er septembre de la même année.

Aujourd'hui en dehors des navires de commerce, le port reçoit régulièrement les steamers de la Compagnie havraise péninsulaire de navigation à vapeur, c'est-à-dire des paquebots tels que *la Ville de Strasbourg*, mesurant 80 à 100 mètres de long et ayant une jauge officielle de 15 à 1,800 tonnes.

Le port de la Pointe des Galets est également fréquenté par les paquebots des Messageries maritimes et a reçu des bâtiments de l'État : l'aviso *la Meurthe*, entré sans remorqueur, le croiseur *d'Estaing*, *le Beautemps-Beaupré*, etc.

Les résultats donnés par l'exploitation du 1er janvier 1888 au 31 octobre de la même année sont les suivants : les recettes se sont élevées au chiffre de 277,251 fr. 25; le nombre des navires et caboteurs entrés et sortis a été de 34. Le total des marchandises à l'importation est, pour cette période, de 8,680 tonnes, celui des marchandises à l'exportation de 14,017 tonnes. Il a été embarqué ou débarqué 2,025 tonnes de charbon.

Il convient de considérer que le port de la Pointe des Galets est une œuvre nouvelle de toute pièce dont l'avenir déterminera tous les avantages. Elle doit entraîner la créa-

tion d'une cité maritime qui ne saurait tarder à se fonder,
les habitants y étant appelés par le mouvement grandissant
des échanges, transports, et le développement fatal de la
vie commerciale. Le protectorat de la France à Madagascar
est une promesse d'accroissement de trafic et de prospérité future pour le port nouveau, et si des mesures sont à
prendre pour aider à ces résultats, on peut espérer que
les représentants autorisés de la colonie obtiendront la
réalisation des légitimes vœux de leurs concitoyens.

Bien avant de penser à une création qui emportait à la
fois de si grosses dépenses et entraînait un déplacement
d'une partie de la vie industrielle et agricole de la colonie,
on avait songé à profiter de la belle passe naturelle que
possédait Saint-Pierre, à travers ses bancs de madrépores,
pour faire de cette ville le port réclamé depuis, pour ainsi
dire, la prise de possession de l'île.

Ce port fut commencé en 1854 par la colonie, aidée d'une
subvention de la métropole. On avait terminé les brise-
lames et les barrages de protection quand les difficultés du
dragage dans les madrépores firent, en 1867, abandonner
les travaux.

La commune résolut de les achever, et, dans ce but, elle
contractait, en 1881, un premier emprunt de 1,500,000 francs,
suivi d'un second de 3 millions de francs en 1883. Grâce à
ces sacrifices, Saint-Pierre a su, en trente années de travail,
transformer en un bon port une côte sauvage tourmentée
par le ressac ; la passe, protégée par un brise-lames contre
la houle du Sud-Est, a 15 mètres de profondeur, et cinq ou
six navires d'un tonnage moyen mouillent par 7 ou 8 mètres dans le port ; une vingtaine pourront y trouver place
quand les travaux seront achevés ; en 1887, plus de 160 bâtiments y sont entrés. La proximité de vastes forêts de
bois propres aux constructions navales constituent un précieux avantage. Des ateliers dépendant du port servent à
la réparation des bâtiments en fer. Les compagnies françaises d'assurances ont supprimé les primes d'hivernage

pour les navires qui opèrent dans le bassin ; une cale sèche complète l'outillage du port qui possède aussi un puissant remorqueur.

Saint-Pierre a donc conquis, grâce à l'ouverture de son bassin du refuge, une importance capitale dans l'économie de l'île. La persévérance et l'énergie de M. Jacob de Cordemoy, ingénieur du port, et de M. Babet, maire de la commune, ont beaucoup contribué à cet heureux résultat.

Par ce dernier exemple, on voit que ni l'activité, ni la volonté de bien faire ne manquent aux créoles de la Réunion. Nous avons maintenant à examiner les origines de cette intéressante population créole.

ETHNOGRAPHIE. — La colonisation n'avait réellement commencé qu'en 1663, nous l'avons dit dans le précédent chapitre, avec l'arrivée de deux Français, Payen et son compagnon, suivis de quelques serviteurs nègres. Bientôt d'autres colons débarquèrent dans l'île ; ils venaient presque tous de France, Normands, Bretons ou Saintongeois ; des marins, des aventuriers se joignirent à ces premiers groupes. Les nouveaux habitants se nourrissaient de poissons, de tortues, de patates, d'ignames et d'autres racines que produisait la terre vierge ; presque nus, ils vivaient en plein air, ignorant les maladies.

Libres, sans ennemis à combattre, sans crainte de bêtes féroces qui n'existaient pas, les premiers colons prospérèrent. Ils fondèrent des villages, les entourèrent de plantations et le trafic commença avec la mère patrie.

En 1715, le nombre des blancs dans la colonie s'élevait à 900 ; en 1763, ce chiffre était porté à 4,627 ; en 1804, à 12,106, et il atteignait, en 1825, celui de 17,255. Cet accroissement rapide de la race blanche à Bourbon serait moins un effet de l'immigration que du surcroît des naissances par rapport aux décès, phénomène exceptionnel dans les pays intertropicaux. Aujourd'hui les croisements de race ne permettraient plus d'établir la proportion vraie des blancs parmi les indigènes. On a cessé d'ailleurs depuis longtemps d'en dresser la statistique officielle. La fécondité des familles créoles françaises est remarquable; le nombre des enfants par ménage a été, durant une certaine période, d'un tiers plus élevé qu'en France.

Le résultat général du dénombrement de la population de l'île de la Réunion, qui a été opéré en 1887, a fourni les chiffres suivants :

Français......................	120,532	habitants.
Indous........................	25,174	—
Malgaches	6,234	—
Cafres........................	8,826	—
Chinois.......................	537	—
Arabes........................	200	—
Troupes, marine, asiles, prisons.	2,378	—
Population totale de l'île...	163,881	habitants.

On constate avec satisfaction que jamais, à la Réunion, il n'y a eu entre les noirs et les blancs et entre ceux-ci et les hommes de couleur cet antagonisme, cette haine violente qu'on a pu observer ailleurs. Cet apaisement tient à la douceur des mœurs et à l'incomparable affabilité qui sont la caractéristique de tous les indigènes de la Réunion.

M. E. Raoul, qui est un homme de science et par conséquent un esprit précis, reproche à nos compatriotes de la belle colonie leur penchant un peu trop exclusif pour les études littéraires. Le pays produirait un trop grand nombre d'avocats, de publicistes, de professeurs. Il est possible que le goût qui se développe en France pour une éducation plus pratique se répercute à la Réunion, mais nous considérons comme très heureuse cette persistance de la foi littéraire dans les cercles intelligents et instruits de l'île si française ; cette foi n'est pas un obstacle à des progrès d'un autre ordre.

Si les femmes créoles de la Réunion n'offrent pas, en général, cette pureté dans les traits du visage, qui se rencontre souvent aux Antilles, elles se contentent, dit le voyageur que nous venons de citer, de compter parmi les femmes les plus charmantes et les plus gracieuses de l'univers et cela leur suffit. La loi sur le divorce n'en est pas moins promulguée dans la colonie.

On appelle à la Réunion *petits créoles* les descendants des premiers colons qui, perpétuant la tradition de vie libre de leurs ancêtres, amoureux de l'indépendance dont avaient joui ceux-ci, ont formé, sur divers points de l'île et particulièrement sur les hauteurs, une population spéciale, remarquablement belle et brave, vivant de pêche et de petites cultures. Le petit créole est un incomparable marcheur.

Enfin, on a toujours constaté le courage et le patriotisme de nos concitoyens de la Réunion. Des preuves, ils n'ont cessé d'en fournir au cours de leur histoire, et naguère, lorsque la France eut besoin de soldats à Madagascar, des compagnies de volontaires se formèrent dans l'île et vinrent accroître nos forces. Ces soldats improvisés firent vaillamment leur devoir.

FAUNE. — La faune de la Réunion, qui est une île de soulèvement récent, est. très réduite, elle comporte très peu d'espèces. D'animaux de forte taille, il n'en existe point d'indigènes ; les chevaux sont importés, les bœufs sont expédiés de Madagascar. On trouve quelques *cabris* réfugiés sur les hauteurs Ces animaux ne sont d'ailleurs que les descendants des chèvres, qu'abandonnèrent dans l'île les premiers navigateurs portugais. Les tortues de terre ont été tellement nombreuses que certaines plages en étaient pour ainsi dire pavées; elles ont été exterminées par les chasseurs.

En vue de défendre les plantations contre les sauterelles et autres insectes, car la Réunion est malheureusement aussi le paradis des animaux parasites, Poivre se fit envoyer pour les acclimater dans l'île des « martins » ou « merles » de Chine. Ces oiseaux ont été longtemps protégés par de fortes amendes contre les chasseurs que la rareté du gibier rendait imprévoyants; aujourd'hui leur existence est me-

nacée par des couleuvres, d'origine malgache, qui enva-
hissent les nids.

Quant à la flore de l'île de la Réunion, elle est plus variée
et plus riche que la faune très pauvre et très rudimentaire,
comme on l'a vu. En énumérant les productions du sol et
en traitant du régime des forêts, nous passerons en revue
les spécimens ignorés de cette flore.

Elle se développe d'après les altitudes diverses qui peuvent être atteintes à la Réunion; mais comme dans la plupart des pays internationaux, la floraison et la maturité
des fruits ne sont pas soumises à des règles fixes ; l'époque en est subordonnée à l'action de la chaleur et des pluies.

La nature volcanique du sol laisse beaucoup d'espaces
dénudés. Il est une zone principale de végétation, limitée
d'une manière assez précise pour qu'elle puisse servir au
voyageur du pays de mesure d'altitude. C'est celle que forment sur le flanc des montagnes, entre 1,400 et 1,500 mètres, les petits bambous connus sous le nom de « Calu-
mets. »

Au-dessus, les plateaux et les sommets sont en partie
couverts d'ambavilles, grands arbustes au tronc noueux et
tordu.

Une Créole.

CHAPITRE III

Administration.

Pendant le privilège de la Compagnie des Indes. — Sous les gouverneurs.— Administration communale après le retour au roi. — Pendant la Révolution. — Sous l'administration des assemblées locales. — Sous Bonaparte. — Sous l'administration royale jusqu'en 1818. — Abolition du conseil colonial en 1854. — Création d'un sénatus-consulte. — En 1870 le gouvernement de la Défense nationale accorde le suffrage universel. — Administration actuelle : Administration générale; organisation municipale. — Administration communale. — Description de Saint-Denis. — Villes de Saint-Paul et Saint-Pierre. — Institutions diverses. — Instruction publique et cultes.

PRIVILÈGE DE LA COMPAGNIE DES INDES. — Les modifications successives qu'a subies le régime administratif de la Réunion, depuis sa prise de possession au nom de la France jusqu'à la date de la rétrocession effectuée en vertu du traité de 1814, ressortent déjà des indications sommaires fournies au chapitre premier. Avant d'exposer les bases

de l'organisation actuelle, il nous reste à définir succincte-
ment les attributions des divers pouvoirs qui se sont succédé, au cours de cette première période, dans la colonie.

Elle eut d'abord, comme nous savons, des gouverneurs
très peu nombreux, véritables agents de la Compagnie des
Indes et bientôt après des représentants directs de l'autorité royale.

Ces nouveaux gouverneurs firent de larges attributions
de terres. A ce droit de dispenser la propriété du sol de
l'île ils ajoutaient celui d'y rendre la justice. Toutefois,
ces prérogatives absolues furent bientôt diminuées par le
Conseil provincial, placé auprès du gouverneur pour en
tempérer l'autorité. L'appel des jugements que rendait ce
conseil était porté devant le conseil supérieur de Pondichéry, à l'exception toutefois des causes criminelles intéressant les esclaves, jugées en dernier ressort.

Par un édit de novembre 1723, le conseil provincial fut
supprimé et remplacé par un conseil supérieur, composé
des directeurs généraux de la compagnie des Indes, quand
ils étaient présents à Bourbon, du gouverneur qui présidait
généralement, de dix conseillers, d'un procureur général
et d'un greffier. A partir de 1736, ce fut ce conseil qui
accorda les concessions de terres.

Sous les gouverneurs. — Depuis 1735, en effet, c'est-à-
dire depuis Labourdonnais, un grand changement s'était
opéré dans l'administration de Bourbon. La France avait
pris possession de l'île Maurice et Port-Louis était devenu
le lieu de résidence d'un gouverneur général exerçant sa
haute autorité à la fois sur les îles de France et de Bourbon. Cette dernière, en fait, était devenue une satellite de
la nouvelle et importante possession du roi de France. Il
n'y a plus, dès lors, à Saint-Denis qu'un sous-gouverneur.
Durant cette période, le conseil supérieur fut véritable-
ment un conseil d'administration.

En 1764, la faillite de la Compagnie des Indes et le retour
au roi de son domaine provoquent encore des modifica-

tions dans le régime intérieur de l'île. Un nouveau conseil supérieur est installé, n'ayant plus que des attributions judiciaires, tandis qu'un tribunal terrier est spéciale-ment chargé de juger les contestations en matière de concessions.

L'ADMINISTRATION APRÈS LE RETOUR AU ROI. — Quatre ans après se fonde la *Commune générale,* sorte d'administration de l'intérieur dirigée par un conseil électif des notables des communes. Le conseil règle l'emploi des fonds prove-nant de l'impôt de capitation sur les esclaves.

Un édit d'octobre 1771 créa une *juridiction royale,* installée trois ans après seulement et qui était chargée de connaître des affaires civiles et criminelles en première instance ; l'appel était porté devant un nouveau conseil supérieur, composé du gouverneur général, de l'Intendant, de six conseillers, d'un procureur général avec substitut et d'un greffier.

Mais ce conseil supérieur était établi à Maurice ; il de-vait d'abord enregistrer les édits et ordonnances qui n'é-taient que subsidiairement enregistrés à Bourbon.

PENDANT LA RÉVOLUTION. — LES ASSEMBLÉES LOCALES. — SOUS BONAPARTE. — Les événements de la Révolution font tomber tous les pouvoirs aux mains des assemblées locales portées d'ailleurs à ce moment à les usurper. Toutefois, la justice royale fait régulièrement place aux institutions nouvelles accueillies avec faveur. Cette sorte d'autonomie administrative n'est que transitoire ; elle disparaît en 1803. Bourbon, qui va devenir l'île Bonaparte, retombe sous la tutelle des gouverneurs généraux réinstallés à Port-Louis, la capitale de l'île Maurice. Les codes nouveaux que votent les Assemblées qui se succèdent en France sont promul-gués et le général Decaen, qui gouverne alors, a pour prin-cipal souci de mettre la législation particulière de l'île en harmonie avec les nouvelles lois civiles générales. Cepen-dant le temps n'est point encore venu de détruire cette inégalité entre les citoyens, barrière que la différence

d'origine maintiendra encore longtemps comme la marque
d'un préjugé appelé heureusement à disparaître.

L'ADMINISTRATION ROYALE JUSQU'EN 1818. — A la rétrocession de l'île, Maurice restant au pouvoir de l'Angleterre,
Bourbon reçoit de nouveau des gouverneurs, tirant leur
autorité du roi, qui administrent directement. D'abord,
nantis de pouvoirs très étendus, ces gouverneurs voient
un contrôle s'établir auprès d'eux, par la nomination d'un
Comité consultatif d'Agriculture et de Commerce, composé
de 7 à 9 membres choisis, il est vrai, par le gouverneur
lui-même, et qui devait donner son avis sur le budget. Ce
comité entretenait un délégué à Paris.

L'existence de ce Comité ainsi composé fut courte d'ailleurs. En 1818, des ordonnances établissaient une nouvelle
organisation administrative, le gouverneur était désormais
assisté d'un Conseil de gouvernement et d'administration,
dont les membres étaient les cinq principaux fonctionnaires.

L'année 1825 est marquée par trois ordonnances importantes. Le 16 janvier, le service local fut séparé du service
colonial de la marine. Le 17 août une autre ordonnance mit
au compte de Bourbon toutes ses dépenses autres que celles
de souveraineté (gouvernement, armée, justice et cultes),
et lui fit abandon de tous ses revenus et de tous les domaines
de l'État autres que ceux du service militaire.

Cette translation de propriété préparait l'ordonnance du
21 août 1825 réglant encore, sauf quelques modifications,
l'administration actuelle de la colonie qui va bientôt nous
occuper.

Le 24 avril 1833, une loi substitua au Conseil général,
qui, d'après l'ordonnance de 1825, avait succédé au Conseil
général, un Conseil colonial. Des électeurs censitaires
nommaient les membres de ce dernier conseil auquel
furent données des attributions législatives. Les conseils
municipaux établis en 1815 devinrent également électifs.

Les pouvoirs du Conseil colonial, aboli en 1848, passè-

rent entièrement au commissaire général de la République. Mais en revanche, la colonie recouvrait pour peu
de temps, puisque la Constitution de 1852 allait le lui
retirer, le droit de représentation dans l'Assemblée mé-
tropolitaine.

ABOLITION DU CONSEIL GÉNÉRAL. LE SÉNATUS-CONSULTE. —
La constitution de la colonie fut de nouveau réglée par un

Vue de Cilaos.

sénatus-consulte, celui du 3 mai 1854. Cet acte législatif
créait à la Réunion un Conseil général de 24 membres, nommés moitié par le gouverneur, moitié par les conseils municipaux.

Ceux-ci, dissous de décembre 1853 à mai 1854, et remplacés par des commissions administratives, furent rétablis
le 27 juillet 1855.

Les membres étaient au choix du gouvernement.

ÉTABLISSEMENT DU SUFFRAGE UNIVERSEL. — Enfin, le 3 décembre 1870, le gouvernement de la Défense nationale

donnait à la colonie le suffrage universel pour l'élection
du Conseil général et des conseils municipaux.

Un décret du 28 septembre lui avait déjà rendu la représentation au Parlement français, représentation étendue
postérieurement par les lois du 24 février 1875, sur l'organisation du Sénat, et 30 novembre 1875, 28 juillet 1881,
sur la Chambre des députés, lois qui ont donné un sénateur et un second député à la colonie de la Réunion
qui va, à raison du récent rétablissement du scrutin de
liste, se retrouver divisée en deux circonscriptions
électorales.

A la date du 1er juin 1879, un décret instituait une *Commission coloniale* (on dirait sur le continent *Commission
départementale*), et, le 7 novembre suivant, un autre décret, qui supprimait les pouvoirs extraordinaires conférés
au gouverneur par l'ordonnance du 21 août 1825, portait de 24 à 36 le nombre des membres siégeant au Conseil général.

L'ADMINISTRATION ACTUELLE. — Aujourd'hui donc telle est
l'organisation administrative de la colonie :

En vertu de l'article 7 du sénatus-consulte de 1854, resté
en vigueur, « le commandement général et la haute admi-
tration sont confiés à un gouverneur, sous l'autorité directe du département de la marine et des colonies ».

Immédiatement au-dessous du gouverneur sont placés
deux chefs d'administration :

Le Directeur de l'Intérieur,

Le Procureur général.

Le Directeur de l'Intérieur remplit dans la colonie des
fonctions analogues à celles d'un préfet en France ; il est
chargé de toute l'administration intérieure. Il remplace le
gouverneur en cas d'absence ou d'empêchement.

En outre, depuis la suppression de l'emploi d'ordonnateur, l'administration et la comptabilité des services civils,
intéressant le budget de l'État, sont entrées dans les attributions du Directeur de l'Intérieur.

Le Procureur général a la haute direction et l'administration de la Justice. Il commande le personnel de son ressort dont tous [les membres sont amovibles. On sait, en effet, que la magistrature coloniale ne jouit pas du privilège de l'inamovibilité.

Un Conseil privé consultatif est placé près du gouverneur.

Le Conseil privé est composé du Gouverneur, président, du Directeur de l'Intérieur, du Procureur général, du Chef administratif de la marine et de deux Conseillers privés, qui sont, au besoin, remplacés par des suppléants. L'Inspecteur des services administratifs et financiers a le droit d'assister, avec voix représentative, aux séances du Conseil privé.

Les chefs des services de l'Instruction publique, de santé et de l'immigration, ainsi que le trésorier-payeur, qui relèvent directement du gouverneur, sont appelés de droit au Conseil privé, lorsqu'il y est traité des matières de leurs attributions. Ils y ont voix consultative.

Le Conseil privé, avec l'adjonction de deux magistrats désignés par le gouverneur, connaît du contentieux administratif; la procédure devant cette juridiction, qui forme aujourd'hui un tribunal spécial, a été revisée par le décret du 5 août 1881.

Nous connaissons déjà l'existence et la composition du Conseil général; des textes nombreux déterminent ses attributions; la répartition des sièges entre les divers cantons de la colonie se trouve réglée par un arrêté du 12 février 1883.

Quant à l'organisation municipale, elle est régie par la loi du 5 avril 1884, c'est-à-dire par la loi appliquée aux communes de France.

Avant d'entrer dans d'autres détails, nous pouvons, comparant les deux époques et rapprochant les deux dates marquantes de 1789 et de 1889, nous demander quelle est la somme de progrès réalisée, en cet espace de temps, dans l'organisation intérieure et dans l'administration de la colonie de l'île de la Réunion.

Il s'agit de constater non le progrès matériel ou le développement de la richesse que des concours de circonstances ont indéniablement suspendus ou entravés, mais l'avancement moral, la liberté conquise.

En 1789, la Réunion jouit sans doute d'une législation d'apparences régulières, mais elle supporte l'effet d'une double action, de celle qui s'exerce de Paris sur le gouvernement général installé dans l'île voisine et de celle qui se réfléchit de ce dernier point sur son administration particulière.

Celle-ci, déjà paralysée, parce qu'elle est de seconde main, gêne le libre essor que pourrait prendre la colonie par ses propres habitants, s'il leur était permis de prendre une plus grande part au gouvernement de l'île, entièrement aux mains des tout-puissants délégués du roi.

Au bénéfice de ce gouvernement despotique ne participe d'ailleurs qu'une fraction des habitants; la population de couleur, l'esclave noir, vit sous des lois d'exception, tyranniques ou inhumaines.

Un souffle de liberté s'élève sur la colonie puis s'éteint, alternative qui ne cesse complètement que lorsque s'ouvre l'ère qui prend date avec la troisième République. En fait, les droits de citoyen ne sont conquis par tous, qu'à cette date de 1870.

Les institutions sont calquées sur celles de la métropole. Chaque habitant peut directement, ou par ses représentants élus, prendre une part active au gouvernement local et faire porter jusqu'auprès des Assemblées de la nation l'expression de ses vœux; il peut être appelé lui-même, dans les assemblées du pays ou au Parlement français, à contrôler les actes du représentant du gouvernement central, à prendre sa part des responsabilités de la direction des intérêts de la commune, du canton, de la colonie.

En résumé, presque toutes les lois dont a bénéficié la

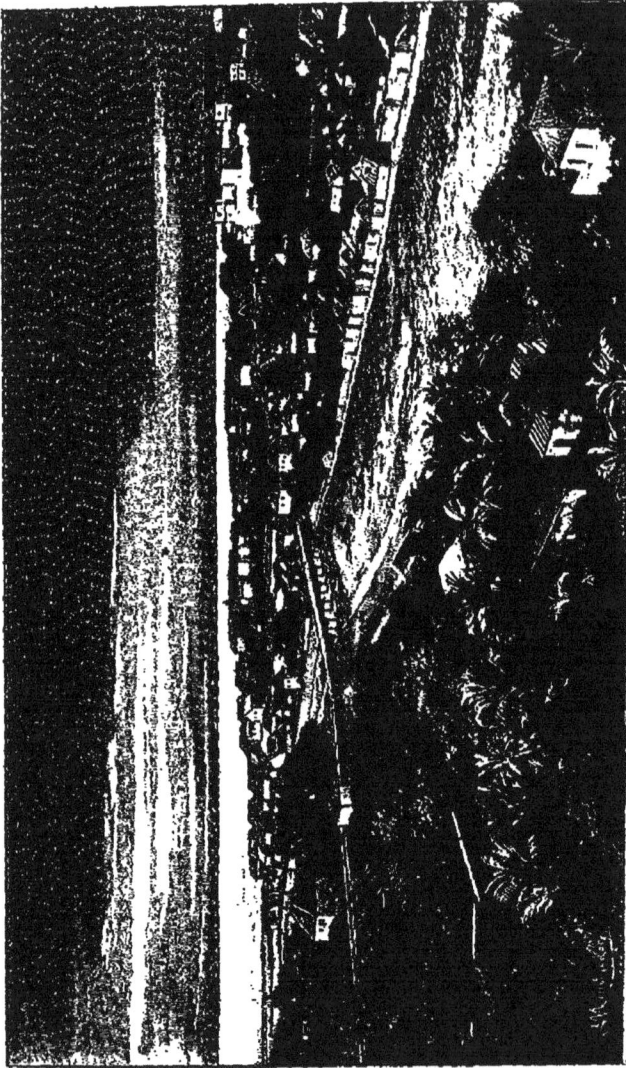

PANORAMA DE SAINT-DENIS.

France continentale sont aujourd'hui promulguées dans la colonie ; l'assimilation y a été poursuivie dans une mesure presque complète. Si l'on veut s'assurer qu'elle doit plus au temps présent qu'au temps passé, il suffit de comparer un instant les avantages du régime de liberté dont elle jouit avec la servitude qui a pesé sur elle. On n'est donc point surpris de l'indestructible attachement des créoles de la Réunion aux principes qui ont assuré leur sage et heureuse indépendance.

ADMINISTRATION COMMUNALE. — La Réunion comprend seize communes presque toutes situées le long de la côte. Les centres qui se sont créés à l'intérieur tels que Salazie et Entre-Deux n'ont qu'une importance très secondaire.

Voici la nomenclature des seize communes de la Réunion : Saint-Denis, Sainte-Marie, Sainte-Suzanne, Saint-André, Salazie, Bras-Panon, Saint-Benoît, Plaine des Palmistes, Sainte-Rose, Saint-Paul, Saint-Leu, Saint-Pierre, Entre-Deux, Saint-Joseph et Saint-Philippe.

Saint-Denis, chef-lieu de la colonie, compte 30,000 habitants ; c'est le chiffre de la plus grande agglomération que comporte l'île.

DESCRIPTION DE SAINT-DENIS. — Si l'on se borne à lire la description faite de Saint-Denis, par M. de Montforand, dans l'*Album Roussin*, monographie de l'île de la Réunion en plusieurs volumes, tout en cette ville serait pour le plaisir des yeux : « les rues larges, bien alignées, se coupant à angles droits, sont bordées de jardins au fond desquels s'élèvent les maisons. A travers la grille fermant ces jardins, le *barreau*, comme on l'appelle à la Réunion, on aperçoit la *varangue*, galerie ouverte autour de la maison, où les habitants se réunissent le soir. Un lustre de cristal, des fauteuils de rotin, composent l'ameublement de ce gracieux péristyle ».

Les jardins font apparaître toutes les merveilles de la végétation tropicale : « Cannes à sucre dressant leur tige svelte surmontée d'une aigrette, bananiers aux lourdes

grappes pendantes, cocotiers aux troncs élancés, manguiers au feuillage touffu, pignons d'Inde à la noix huileuse,
papayers aux troncs lisses et sans branches, couronnés de
melons verts... »

Moins enthousiaste peut-être serait le voyageur qui nous
dépeignait plus haut, dans le *Voyage pittoresque*, le mode
primitif de débarquement dont il usa et qui est à peu près
resté le même pour pénétrer dans Saint-Denis. Pour ce
voyageur, les quais sont trop déserts, la seule construction
qu'on y voit est un grand hangar appelé *Bancassal;* la ville
lui parut morne en ce temps-là.

« Aussi, ajoute-t-il, il n'est pas étonnant que le chef-lieu
de l'île Bourbon voie sa suprématie mise en question chaque jour. Son rival le plus acharné tient la querelle toujours pendante, et fait valoir contre Saint-Denis sa supé-
riorité de mouillage, d'assiette dans une plaine, d'abri
contre les ouragans. Par une de ces fluctuations habituelles
dans les choses contestées, dernièrement un ordre venu
de la métropole avait cherché à trancher le différend par
un arbitrage qui attribuait à Saint-Paul la résidence des
cours judiciaires en maintenant le siège des autorités civiles
et militaires à Saint-Denis ; mais les plaintes de la localité
dépossédée ont été si vives, ses récriminations si amères,
qu'il a fallu rétablir les choses sur l'ancien pied. »

Le moderne géographe, M. Élisée Reclus, dresse ce pro-
cès-verbal : « Saint-Denis, percée de rues régulières, est
une belle cité d'une trentaine de mille d'habitants, bâtie
sur la pointe la plus septentrionale de la Réunion, entre
deux rivières. En sa qualité de capitale, elle a les principaux édifices de la colonie, palais du gouverneur et hôtel
de ville, caserne monumentale et hôpital, lycée, grandes
écoles et musée. De même, que Port-Louis, elle a érigé
une statue à Mahé de Labourdonnais ; un beau jardin bota-
nique occupe un vaste espace au centre même de la cité ».

Saint-Denis, bâtie au vent de l'île sur la côte exposée aux
courants atmosphériques de l'Est et du Sud-Est, occupe un

des endroits de la Réunion les plus menacés par les cyclones. Cependant le commerce de la ville a quelque activité; le petit port qu'elle possède et que protège une solide jetée fort élégante, reçoit encore nombre de navires qui viennent y charger du sucre.

La ville reçoit aussi une certaine animation de la quantité de fonctionnaires dont elle est la résidence; elle est le siège d'une cour d'appel et d'un tribunal de 1re instance.

Le nombre total des justices de paix de la colonie est de neuf; savoir : Saint-Denis, Sainte-Suzanne, Saint-André, Saint-Benoît, Saint-Paul, Saint-Joseph, Saint-Pierre, Saint-Louis, Saint-Leu.

Deux cours d'assises, l'une siégeant à Saint-Denis, l'autre à Saint-Pierre, connaissent des affaires criminelles.

Saint-Denis n'est pas, le plus ancien établissement des colons français. Les premiers défrichements importants furent entrepris à Saint-Paul, à l'Ouest de la grande falaise qui forme la partie Nord occidentale de l'île.

Jusqu'en 1738, Saint-Paul resta même la capitale de l'île. C'est une cité agréable dont les rues larges et irrégulières rompent avec la monotonie du plan des autres villes de l'île. Son port, qui va perdant de son importance à raison de la création du port de la Pointe des Galets, a été longtemps le lieu d'escale le moins redouté de la côte occidentale. Cependant, située sur une terre basse, bordée au Nord-Est par une lagune vaseuse, la marine de Saint-Paul, n'offre guère de facilités au commerce. Les eaux de la rade sont fréquemment agitées. Par un phénomène de remous auquel on a donné le nom de « circumtraction », le vent alizé qui vient de frapper les côtes orientales se replie le long du rivage occidental en soufflant du Sud au Nord, puis du Sud-Ouest: on l'appelle à Saint-Paul « vent de Saint-Gilles », du nom du village situé plus au Sud qui sert de station de bains de mer.

La commune de Saint-Paul compte plus de 25,000 habitants.

La ville de Saint-Pierre se trouve à une extrémité Sud
de l'île, à l'opposé de la capitale; si elle ne tient que le
le troisième rang par l'importance de sa population, qui
est de 24,600 âmes, elle a l'avantage de représenter le chef-
lieu du second arrondissement de l'île, dit arrondissement
Sous-le-Vent, dénomination un peu arbitraire, vu qu'elle
ne correspond pas exactement à la nature des choses.

SAINT-PIERRE. — Vue du port.

Au surplus, le partage de l'île en deux arrondissements
n'a guère d'effet qu'au point de vue de l'administration de
la justice et sert à fixer l'étendue de juridiction des deux
tribunaux de première instance de la colonie. Saint-Pierre
est le chef-lieu d'un de ces tribunaux.

Connu longtemps sous le nom de quartier de la Rivière-
d'Abord, d'après le cours d'eau souvent à sec qui passe
à l'orient de la ville, Saint-Pierre est une ville propre, bien
ombragée et pourvue d'eau en abondance. Bâtie en amphithéâtre, la cité descend jusqu'au rivage de la mer. Nous

avons déjà décrit le port et laissé entrevoir l'importance qu'il était appelé à prendre.

Le séjour de Saint-Pierre est des plus agréables. L'air y est vif et frais, le vent souffle presque tous les jours, et les Saint-Pierrois, — tels on les appelle, — semblent emprunter au bienfait de leur climat une activité et une énergie toutes particulières.

INSTITUTIONS DIVERSES. — INSTRUCTION PUBLIQUE. — Toutes les administrations ou institutions existant en France sont représentées à la Réunion.

L'enregistrement et les domaines, le service des contributions directes et indirectes, des douanes, des postes, la surveillance des ports et rades, des phares (phares du Bel-Air et de la Pointe-des-Galets), exigent un personnel nombreux, répandu dans toute la colonie. Les services des ponts et chaussées, des eaux et forêts emploient également plusieurs ingénieurs, des conducteurs et deux gardes généraux.

Un conseil sanitaire central siège à Saint-Denis où existent un hôpital colonial et une léproserie. A Saint-Paul, un second hôpital colonial et un asile d'aliénés ont été fondés.

L'assistance publique a été organisée en 1872 et 1873. Une chambre de commerce existait déjà depuis 1830 ; une chambre d'agriculture a été créée plus récemment.

INSTRUCTION PUBLIQUE. — Le service de l'instruction publique se trouve placé sous la direction d'un vice-recteur.

Le lycée de Saint-Denis a été fondé en 1821, en vertu d'une ordonnance qui instituait une commission centrale de l'instruction publique ; il est bâti dans les hauts de la ville et occupe un magnifique emplacement.

L'enseignement, très complet, conforme aux programmes de la métropole, est distribué aux quatre cents élèves qui fréquentent l'établissement par vingt-quatre professeurs.

Le vice-recteur est autorisé à constituer des jurys d'examen qui fonctionnent à l'hôtel de ville. Les résultats des examens subis par les candidats qui se présentent sont contrôlés par les Facultés des lettres et des sciences de

Paris, et tous les certificats de capacité échangés contre autant de diplômes définitifs de bachelier.

. Un jury spécial est également autorisé, depuis un an, par le Gouverneur à faire passer des examens définitifs d'entrée aux Écoles d'agriculture de Grignon et de Montpellier, ainsi qu'aux Écoles d'Aix et de Dellys, en Algérie.

A Saint-Denis, un cours gratuit d'hydrographie a été organisé par l'administration universitaire. Un capitaine au long cours prépare des jeunes gens aux examens du petit et du grand cabotage.

Des collèges communaux sont établis à Saint-Pierre, à Saint-Paul et à Saint-André ; les jeunes gens peuvent y poursuivre leurs études classiques jusqu'en quatrième.

Un petit séminaire est ouvert à Saint-Denis pour les candidats à la prêtrise.

L'enseignement primaire est également assuré dans les conditions les plus satisfaisantes à la Réunion.

Une école normale d'instituteurs est installée à Saint-Denis sur la place du Gouvernement, en face de la mer, dans une magnifique habitation appelée hôtel Joinville.

Les élèves concourent pour le brevet élémentaire et le brevet supérieur, toujours dans les conditions des programmes de la métropole.

L'instruction primaire est donnée dans 104 écoles publiques et 46 établissements libres. La direction de moitié environ des écoles publiques est confiée à des instituteurs laïques.

La colonie porte à son budget, au chapitre des dépenses d'instruction publique, une somme de 380.000 francs, à laquelle il faut joindre les frais de rapatriement du personnel, les dépenses de construction, d'entretien, le montant des bourses et autres allocations. On peut compter que la Réunion ne dépense pas moins d'un million de francs pour cet important service.

La population, d'ailleurs, montre le plus grand empressement à profiter de tous ces sacrifices faits en faveur de ses enfants. Douze mille élèves fréquentent les écoles primaires qui leur sont ouvertes sur tous les points de l'île.

DÉFENSE LOCALE. — Un conseil de défense est institué dans la colonie. Il est présidé par le gouverneur et compte comme membres le Directeur de l'Intérieur, le Commandant des forces navales, le Chef du service administratif de la marine, l'Officier commandant les troupes d'Infanterie, le Commandant en second des milices, l'Officier chargé de la direction de l'artillerie, l'Ingénieur en chef, le Capitaine du port.

Ce sont les troupes de l'Infanterie de marine qui tiennent garnison à Saint-Denis; elles sont sous les ordres d'un chef de bataillon. Le personnel de la gendarmerie comprend un chef d'escadron, un capitaine, deux lieutenants et dix-huit chefs de brigade. Des milices subsistent à la Réunion. Ce sont ces milices qui ont détaché des volontaires pour prendre part à l'expédition de Madagascar.

CLERGÉ. — L'île forme un évêché dont le siège est à Saint-Denis.

Un clergé, relativement nombreux, assure le service religieux de la colonie. Des aumôniers titulaires sont attachés aux hôpitaux, écoles, lycée et prisons.

L'Angleterre, l'Italie, la Belgique et le Portugal sont représentés dans la colonie par des consuls. Les États-Unis y ont un agent commercial.

Un Créole.

Type de maison coloniale.

CHAPITRE IV

Économie politique et sociale.

Productions du sol. — La canne à sucre, café et riz. — Cultures diverses. — Vanille. — Coton. — Textiles. — Productions industrielles. — Main-d'œuvre. — Minerais. — Mouvement commercial. — Forêts. — Bois et essences. — Immigration. — Budgets. — Monnaies. — Moyens de communication. — Presse.

PRODUCTIONS DU SOL. — On estime que la quantité d'hectares en culture dans l'île de la Réunion se rapproche du chiffre de 60,000 dont plus de moitié, 35,000 environ, affectés à la culture de la canne. Les savanes, recouvrent une étendue de 25,000 hectares ; les bois et forêts en occupent à peu près 56,000. Il reste environ 32,000 hectares de terres en friche.

Il va de soi que ces dernières se rencontrent dans les régions les moins accessibles et les plus élevées de l'île.

Le nombre des « habitations » est, en chiffres ronds, de 6,000, sur lesquelles 60 possédaient, en 1886, des moulins à vapeur. Sur ces habitations sont employés aux cultures 48,000 travailleurs, auxquels il faut ajouter 12,000 ouvriers, 5,500 domestiques et 2,000 gardiens.

La valeur des terres en culture est portée au chiffre de 62 millions de francs; celle des bâtiments et du matériel en exploitation à 23 millions.

Voici un relevé numérique des différentes espèces d'animaux relevés dans la colonie :

Chevaux	2,511	Tauréaux et bœufs	8,402
Anes	951	Béliers et moutons	15,580
Mulets	7,552	Boucs et chèvres	12,392
Porcs	30,623	Autres animaux	43,088

La volaille est très abondante.

LA CANNE A SUCRE. — La principale culture de la colonie étant, comme nous l'avons vu, celle de la canne à sucre, nous entrerons à son sujet dans quelques détails.

Indigène peut-être, la canne à sucre n'a été guère cultivée en grand que depuis le rétablissement de la paix, après les guerres de l'empire ; mais elle a à peu près remplacé toutes les autres cultures sur la zone du littoral, jusqu'à l'altitude de 800 à 1,000 mètres.

La canne à sucre, qu'on plante en mortaises ou petites fosses rectangulaires, creusées à la pioche, dans les mois d'octobre à janvier, se récolte l'année d'après, à partir de la fin de juillet.

Pour l'entretien des champs, on s'est borné longtemps à racler la surface du sol, sans jamais l'ameublir. L'importation des engrais ne dépasse guère, même aujourd'hui, un millier de tonnes. Des charrues, des houes, des sarcleuses, ont été introduites ces derniers temps, et les laboureurs européens, là où ils ont été employés, ont porté le rendement de la canne de 55,000 à 100,000 kilogrammes par hectare. En dépit de la routine, l'usage des instruments agricoles finit par s'imposer.

Les mois les plus favorables pour la *coupe* sont ceux de septembre, octobre et novembre, pendant lesquels la canne, parvenue à sa pleine maturité, produit un vesou riche, à raison de la sécheresse qui existe à cette époque.

La production sucrière qui, en 1862, a pu atteindre 75,000 tonnes, paraît devoir osciller désormais autour de 40,000 tonnes, non compris la consommation locale, qu'il est difficile de chiffrer, mais qui doit être considérable. La quantité exacte de sucre exportée de la Réunion en 1886 s'est élevée à 31,847,149 kilos pour un valeur de 8,559,663 francs. Deux tiers de cette quantité étaient destinés à la France, un tiers à l'étranger. En 1887, l'exportation s'est pourtant accrue de près de quatre millions de kilogrammes.

La cause de la baisse de production est, en dehors de l'élévation du taux de la main-d'œuvre et de la multiplicité des maladies qui ont envahi la canne, le bas prix résultant de la concurrence du sucre de betterave.

M. C. Jacob de Cordemoy, créole de la Réunion, a, au cours d'une notice publiée dans la *France coloniale,* formulé les plaintes et exprimé les desiderata de ses compatriotes : « Jadis les sucres coloniaux étaient en France l'objet d'un traitement de faveur ; aujourd'hui ils sont sur le même pied que les sucres étrangers. Cependant le Conseil général n'a pas hésité, il y a deux ans, sur la demande de la métropole, à voter les droits de douane qui ne servent qu'à protéger les industriels de France. On s'attendait à quelque mesure de réciprocité.

« Si, grâce à des mesures émanant de la métropole ou à d'autres, les prix du sucre se relevaient assez pour procurer aux propriétaires coloniaux des recettes qui les missent en mesure d'introduire dans leurs usines et leurs champs les récents perfectionnements sans lesquels la lutte industrielle n'est plus possible, la Réunion reverrait encore les beaux jours d'autrefois et redeviendrait la colonie modèle. »

La création d'un chemin de fer à la Réunion a atténué la crise des charrois et des voies de communication, effet de la centralisation des usines. Sans doute, à raison de la situation de ces usines, placées sans exception au bas des terres cultivées, il n'y a jamais qu'à faire descendre les récoltes, mais il faut l'emploi de trois mules pour transporter une seule tonne de cannes.

En 1886, il a été fabriqué, dans l'île de la Réunion, environ deux millions et demi de litres de tafia; l'exportation des rhums s'est élevée à 559,056 litres. La colonie possède 33 guildiveries.

LES LÉGUMINEUSES. — La canne occupe le sol pendant quatre années en moyenne, dix-huit mois pour la première pousse et la saison de deux recoupes. Au bout de ce temps, on la remplace par des cultures diverses, pendant quatre autres années : manioc, diverses légumineuses appartenant au genre *haricot*, mais connues dans le pays sous le nom de pois.

Les haricots proprement dits constituent l'une des cultures les plus intéressantes de Salazie. Cilaos donne des lentilles d'excellente qualité.

C'est pendant l'hivernage, c'est-à-dire la saison pluvieuse (de novembre à avril), que se récoltent les gros légumes, dont la plantation se fait aux premières pluies : melons, pastèques, citrouilles, concombres, cornichons, calebasses, pipangailles, patoles, margauzes, artichauts, aubergines, piments.

Les autres plantes potagères ne se cultivent bien que pendant la saison sèche (de mai à octobre) : petits pois, salsifis, radis, poireaux, oseille, épinards, laitue, scarole, chicorée, panais, betteraves, carottes, tomates, céleri, persil, cerfeuil, cresson, oignons, échalotes, choux de toutes sortes.

La culture vivrière proprement dite comprend le manioc, le maïs (une usine à tapioca s'est établie), les pommes de terre, les haricots, les lentilles, le riz. Sur les

hauteurs de l'île, notamment à la plaine des Cafres, dans
le Sud à Saint-Louis, Saint-Pierre, on sème, mais en petite
quantité, de l'orge, de l'avoine. Le riz et le froment, qui
rendaient autrefois 20 et 25 pour 1 dans les mêmes régions, ont été à peu près abandonnés par suite de l'enva-
hissement de la canne et encore parce que les immigrants

SAINT-DENIS. — Les Casernes d'artillerie.

de toute origine préfèrent au riz créole, plus délicat pourtant, le riz de l'Inde, qui « rend plus à la marmite », et
dont les grains se détachent les uns des autres, ce qui est,
on le sait, un point capital de cuisine indoue.

La pomme de terre vient bien partout, mais exige d'abondantes fumures; sa culture, surtout dans les plaines des
Cafres et des Palmistes, présente une certaine importance
à raison de l'exportation qui a lieu sur Maurice.

L'hivernage est le moment de la maturité des principaux fruits : letchis, mangues, pêches, avocats, longanis,
évis, ananas, etc.

Le Café. — Le café constituait jadis une des plus riches cultures industrielles de la colonie.

Au siècle dernier, le café était la principale denrée de Bourbon, où déjà l'on avait découvert une espèce indigène dont l'arome et la saveur ont une très grande force; mais, comme à la Martinique, l'importance de cette culture est bien réduite aujourd'hui.

L'île ne possède de caféières importantes que dans les hauts de Saint-Leu et de Saint-Pierre. Partout ailleurs, les caféières ont été arrachées à la suite d'une maladie des *bois noirs* qui leur servaient d'abris. Bien que les maladies parasitaires, qui ces derniers temps ont atteint l'arbuste, puissent être efficacement combattues, les nouvelles plantations marchent avec lenteur. Parmi les causes de l'énorme réduction qui s'est opérée (de 3,500,000 kilogrammes la production est tombée, en moins d'un siècle, au-dessous de 500,000 kilogrammes), il faut également compter les ouragans, la fatigue des terres qui avaient porté les mêmes arbustes pendant un siècle, la concurrence de Ceylan, de Java, du Brésil et de l'Amérique centrale. L'exportation a donné, en 1886, le chiffre de 343,191 kilogrammes, diminué de près de moitié pour le cours de l'année 1887.

Le café entre en fleur vers septembre; la floraison, double et triple, se continue les mois suivants. La récolte a lieu en mars et avril.

Les plants, obtenus par semis, se prennent à la pépinière à l'âge d'un an ou de dix-huit mois, et se mettent en place deux par deux, ce qui permet de conserver le plus fort. Dès que le sol est couvert par l'ombre des caféiers et par celle des bois noirs, l'herbe cesse de croître. Les premiers fruits peuvent être cueillis la troisième année après la mise en terre de la graine; la pleine récolte se fait attendre jusqu'à la cinquième ou sixième année.

Le produit moyen par hectare est de 25 balles, soit 1,250 kilogrammes.

Deux variétés de café sont cultivées dans l'île : le café pointu ou Leroy, qui, très vivace, supporte mieux la température des régions élevées, mais qui est le moins estimé, et le café du pays qu'on dit provenir de Moka, mais qui est devenu très différent du café d'Arabie. Ce dernier café, de qualité supérieure, toutes les communes peuvent le produire ; le plus renommé vient des localités sèches de la Ravine-à-Marquet (la Possession) et de Saint-Leu. La ravine des Cabris, à Saint-Pierre, en fournit aussi de très bon et par quantités importantes. Le café Liberia a été introduit il y a quelques années et semble devoir donner de bons résultats.

LES ÉPICES. — Les épices précieuses ont été longtemps une source de fortune pour l'île Bourbon. Pierre Poivre, le savant naturaliste lyonnais, que la colonie eut la bonne fortune d'avoir à la tête de son gouvernement, était parvenu à ravir aux Hollandais le monopole fructueux de la culture de ces épices. C'est dans le jardin du gouvernement, à Port-Louis, dans l'île de France, que Poivre organisa les premières pépinières de girofliers, de muscadiers et de poivriers.

On ne peut aujourd'hui mentionner que pour mémoire l'existence à la Réunion de ces deux dernières sortes d'épices. Les plantations ont été partout détruites par la main de l'homme ou la violence des ouragans. Les girofleries avaient subi le même sort ; il s'en reconstitue quelques-unes, mais elles ne sont possibles que dans la partie fortement arrosée de l'île, c'est-à-dire de Saint-André à Saint-Joseph.

LA VANILLE. — Ces cultures ont, depuis vingt ans, fait place entièrement à l'exploitation de la vanille.

L'exportation des vanilles de l'île de Réunion s'est élevée graduellement du chiffre de 12,305 kilogrammes, atteint en 1872, à celui de 50,000 kilogrammes en 1885 et 1886 et de 68,856 kilogrammes en 1887. Les statistiques officielles de 1886 indiquent, pour cette année-là seulement, une production de 205,000 kilogrammes. C'est beaucoup plus qu'il ne faut de gousses de vanille pour la consommation de l'Europe entière.

La production s'est arrêtée un instant. Les lianes mouraient sans qu'on pût bien en deviner la cause. Cette maladie a cessé de sévir, et les propriétaires ont pris goût à cette culture, rendant ainsi un assez tardif hommage à celui qui la rendit pratique. On sait, en effet, que c'est un noir de la Réunion qui le premier réussit à féconder artificiellement la vanille.

La vanille commence à fleurir vers la fin de mai; la récolte se fait environ dix mois après; elle peut se cultiver à peu près partout au-dessous de 300 mètres d'altitude, mais surtout dans la partie orientale de l'île qui est la région pluvieuse, la vanille exigeant à la fois de la chaleur et de l'humidité.

Par les effets de la loi de l'offre et de la demande, l'excès de la production amènera fatalement une baisse des prix de ce produit, et l'exploitation n'en étant plus aussi rémunératrice, les propriétaires de la Réunion tournent déjà leurs vues vers d'autres cultures.

CULTURES DIVERSES. — Le sol de la colonie nourrit soixante-dix à quatre-vingts espèces de plantes à essence à l'état sauvage et très communes. Quelques-unes, telles que géranium, héliotrope, vétiver, patchouli, ylang-ylang, gardenia, ixora, frangipane, etc., ont attiré l'attention d'industriels, et de petites distilleries se sont ouvertes; mais il n'a guère été encore obtenu que de l'essence de géranium. C'est donc une industrie qui naît, que celle de la fabrication d'essences de parfumerie à la Réunion.

Des plantations de vignes ont été tentées. On se flattait, ayant quelques raisons d'émettre semblable opinion, qu'on obtiendrait des vins capiteux et fins comme ceux de Madère, de Chypre, des Canaries. Ces essais ne paraissent pas avoir réussi, sans que ce résultat incertain décourage cependant les promoteurs de cette nouvelle culture.

Les orangers et les citronniers de la colonie ont été ravagés, presque tous détruits, dans le court espace de trois années, par suite de la funeste introduction d'un nouveau parasite végétal, venant s'ajouter à ceux qui forment la plaie de la Réunion, nous voulons parler du papillon des aurantiacées.

LE COTON. — Le coton a été l'origine de grandes fortunes à Bourbon, mais cela à la fin du siècle dernier. A l'origine de la colonisation, on cultiva dans l'île le cotonnier de l'Inde ou de Siam ; abandonnée parce que la Compagnie des Indes n'offrait des produits qu'un prix illusoire, cette culture fut reprise après la faillite de la Société. Mais l'apparition, vers 1817, d'une chenille qui attaquait la gousse verte jeta le découragement parmi les planteurs, qui se vouèrent alors à la culture de la canne. Lorsqu'en 1862 la maladie de la canne appela de nouveau l'attention sur le coton, des semences furent demandées à l'Amérique et à l'Égypte. La chenille reparut ; on ne savait pas

La Vanille.

utiliser la graine pour en extraire l'huile, les lieux de plantation furent mal choisis; bref, l'échec fut complet. De nouvelles expériences se sont poursuivies ces dernières années avec le coton vivace à soie courte, pour lequel les terrains secs du littoral sont comme un sol d'élection.

LE THÉ. — Malgré la cherté de la main-d'œuvre et l'absence de préparateurs spéciaux, quelques propriétaires s'occupent de cultiver l'arbuste à thé qui s'acclimate facilement; la feuille, un peu âcre d'abord, finit, dit-on, par acquérir un arome d'une grande finesse. Au-dessus de 500 mètres d'altitude, l'arbuste végète fort bien. Des botanistes ont proposé d'introduire dans les jardins l'orchi-

dée faham, plante sauvage des montagnes de la Réunion, fort appréciée comme succédané du thé.

Le mûrier est, à la Réunion, de belle venue, mais sa feuille n'a pas pu être utilisée pour l'élève des vers à soie. Même avec le concours d'ouvrières spéciales amenées dans l'île, que la graine vînt du Bengale, du Japon ou de France, les vers à soie essayés n'ont jamais donné de résultats satisfaisants.

LES TEXTILES. — Les textiles sont nombreux dans l'île. Il a été fait des entreprises considérables d'exploitation des fibres d'aloès, qui toutes ont échoué, à cause de la cherté des charrois et de la main-d'œuvre. La culture de la ramie a également été paralysée par l'absence de tout moyen d'extraire les fibres à l'état vert. Le chanvre, qui pousse partout avec une vigueur remarquable dans l'île et qu'on y essaye, promettrait de meilleurs résultats.

PLANTES DIVERSES. — Le cacao de la Réunion est d'excellente qualité, mais les quelques centaines de kilogrammes qu'en récoltent quelques rares propriétaires sont loin de suffire à la fabrication du chocolat consommé dans le pays. Les points de la colonie favorables au cacao sont les plaines basses et très voisines de la mer qui vont de Sainte-Suzanne à Saint-Joseph par le Grand-Pays-Brûlé. Aussitôt que le terrain s'élève, l'arbre, tout en gardant une jolie apparence, ne donne que des amandes avortées, ou ridées et maigres.

Il ne semble pas qu'on songe encore à la Réunion à tirer parti des nombreuses plantes oléagineuses que produit le sol de la colonie : badamier, bancoulier, bois de joli-cœur, cannellier sauvage, cocotier, cotonnier, croton, lin, mourongue, olivier, palmier, pignon d'Inde, pistache, ricin. Le pétrole chasse l'huile de coco, que d'ailleurs on demandait aux îles de la mer des Indes ; l'huile de ricin vient de l'Inde.

Autrefois, on se servait pour l'éclairage de l'huile de pignon d'Inde et d'huile de bancoule ; cette dernière était également employée pour la peinture des bâtiments. Aujourd'hui l'île en fournirait à peine quelques litres.

Deux ou trois industriels, préparant les peaux, usent de tan fourni à la Réunion par l'*Acacia dealbata*, le chêne, le tamarinier et le tan rouge. Pour la teinture, il est fait usage, mais chez les particuliers et pour quelques vêtements déterminés, des propriétés d'un assez grand nombre de plantes : bancoulier, benjoin, bois noir, curcuma, filao, grenadier, indigo, manguier, rocouyer. Le campêche existe, mais ne se rencontre que sous la forme de quelques haies.

Pendant ces dernières années, un contrôleur de la régie, en mission dans la colonie, s'est efforcé d'étudier et d'améliorer la culture du tabac, qui croît admirablement, mais l'exploitation en grand de cette plante ne paraît point prochaine.

PRODUCTIONS INDUSTRIELLES. — Par ce que nous venons de dire, on peut voir qu'à la Réunion, en dehors de l'exploitation de la canne à sucre, il n'existe pas, à proprement parler, d'industries locales. Il ne s'y est pas élevé de fabriques d'objets manufacturés et destinés au commerce. Tout ce qu'on peut obtenir dans l'île en quantités appréciables, par centaines de mille il est vrai, c'est l'objet le plus nécessaire à la consommation usuelle locale, le sac tressé en lanières de « pandanus vacoa » pour le transport du sucre. L'importation d'Europe nuit à toute industrie, car quelle que soit la qualité de l'objet importé, à tort ou à raison, il sera toujours préféré à l'article indigène, jusqu'à ce que la force de ce préjugé ait pu être détruite.

Jusqu'à présent les tentatives industrielles, que devraient encourager les prix élevés du fret et les droits considérables de l'octroi de mer, ont été rares, faute de capitaux, faute de traditions. On pourrait citer l'établissement d'une fabrique d'engrais chimiques et d'une fabrique de vins et de vinaigres de raisins secs. Des brasseries ont essayé de se monter à différentes reprises ; elles n'ont pas réussi faute d'hommes du métier. Cependant des fabriques de vêtements confectionnés, de chaussures, de tricots, des papeteries, des taillanderies, des ateliers de charronnage, des briqueteries, des tuileries, des poteries, pourraient être créés avec fruit.

La petite industrie compte un nombre suffisant d'ouvriers, mais les ouvriers d'art font défaut. La serrurerie n'existe pas dans la colonie ; il est fait appel à l'importation française ou étrangère. La menuiserie et la maçonnerie ont à leur disposition des ouvriers en assez grande quantité, mais peut-être n'ont-ils pas toute l'habileté désirable.

Quelques charpentiers de navire, dans les villes de commerce, travaillent aussi à la réparation et même à la construction des chaloupes et d'autres bâtiments.

LA MAIN-D'ŒUVRE. — Les salaires industriels dans la colonie ne sont peut-être pas très rémunérateurs ; le prix de la journée de travail varie entre 3 et 5 francs, taux largement suffisant pour l'ouvrier indigène qui vit de l'existence créole, mais un peu réduit pour l'ouvrier européen. Le pain coûte 0 fr. 80, la viande de bœuf, 1 fr. 50 le kilogramme, le vin 0 fr. 80 le litre. L'Européen ne peut pas se loger à moins de 12 à 15 francs par mois.

Le climat permettrait le port de vêtements très simples, en toile légère, fort peu coûteux, mais à la Réunion et ailleurs, le travailleur se plaît à dépenser souvent le plus clair de ses économies en vêtements de draps, souliers vernis et chapeaux reluisants. Le goût de la toilette est général sous les beaux cieux des tropiques.

La question de la main-d'œuvre se liant à celle de l'immigration, nous y reviendrons forcément.

LES MINERAIS. — Il s'importe à la Réunion annuellement environ 200 tonnes de fers ou aciers. L'île possède certaine sorte de minerai de fer dont elle ne saurait songer évidemment à tirer parti, elle-même manquant de charbon et d'installations, mais que, n'était lo prix relativement élevé des transports, elle pourrait entreprendre d'exporter.

Sur diverses plages, notamment dans la partie sous le vent et plus particulièrement à la ravine des Sables, se remarquent des étendues considérables de sables noirs fortement mélangés de péridot (olivine) granulaire, ce qui prouve qu'ils proviennent de la désagrégation des laves et basaltes péridotiques qui sont très abondantes dans l'île.

SAINT-DENIS. — Hôtel du Gouvernement.

Ces sables noirs renferment une proportion plus ou moins grande d'oxyde de fer magnétique titanifère. L'analyse des échantillons prélevés a indiqué une teneur de 47 à 50 pour 100 de fer métallique.

Ce gisement, qu'un cubage approximatif estime à plus de 100,000 tonnes de minerai pur, se reconstituerait indéfiniment, au fur et à mesure de son exploitation, par les causes qui l'ont formé. Un minerai de même composition, obtenu au Japon par le lavage des granits décomposés, y forme la matière première des fers et aciers si réputés de ce pays.

LE MOUVEMENT COMMERCIAL. — Le commerce général de

l'île de la Réunion entre la France, les autres colonies françaises et l'étranger, a porté, pendant l'année 1886, sur une valeur de 41,442,407 francs.

Ce chiffre se décompose de la manière suivante :

Importations......................	28,123,361 »
Exportations......................	13,319,046 »
TOTAL ÉGAL...........	41,442,407 »

Les marchandises françaises figurent dans le chiffre des importations pour un total de 11,472,895 francs, sur laquelle somme celle de 573,310 francs se réfère aux produits importés des colonies françaises et provenant presque exclusivement des pêcheries.

La Réunion reçoit de l'Inde et de Madagascar le riz, les animaux de boucherie, les légumes secs et le grain qui sert de nourriture aux bêtes de trait.

Pour le même exercice, le mouvement général de la navigation comprend 436 navires entrés ou sortis, dont plus des trois quarts sous pavillon français.

Le prix moyen du fret, d'après les données qui résultent du mouvement de 1885, s'établit comme suit :

Pour la France....	Ports de l'Océan........	34,33
	Ports de la Méditerranée	35,55
Calcutta................................		45 »

Ces prix sont de beaucoup inférieurs à ceux qui ont été relevés pour les précédentes années.

Les navires qui se livrent aux opérations entre la Réunion et Madagascar sont presque toujours affrétés au voyage ou au mois.

Les commerçants en gros, faisant des affaires pour leur compte personnel, sont rares à la Réunion. Il n'y existe, à proprement parler, que des maisons de commission ou de consignation. Le commerce de demi-gros tend à disparaître, et les réceptionnaires de marchandises se voient obligés de traiter directement avec les marchands au détail, qui sont généralement Indiens ou Chinois, et qui n'apportent pas toujours dans les affaires des scrupules suffisants. Les maisons de consignation sont presque toutes françaises.

LES FORÊTS. — Il convient de parler avec quelque détail des forêts de la Réunion, de leur état actuel, de ce qui a pu être tenté pour l'améliorer.

Le service des forêts est important; il comporte un personnel de 75 agents et correspond à un budget d'environ 150,000 francs ; un cinquième à peu près de cette somme est affecté aux dépenses de reboisement.

Au moment de sa découverte, l'île de la Réunion était entièrement couverte de forêts. Les grands arbres y étageaient, depuis le bord de la mer jusqu'au sommet des montagnes, leurs ramures toujours verdoyantes, et il s'en dégageait des senteurs qui imprégnaient l'atmosphère à plusieurs milles au large.

Pendant près de deux cents ans, cet état primitif et sauvage dut se perpétuer sans grands changements. Mais quand le colon entreprit de découvrir le sol pour le cultiver, il entama, en s'aidant de la hache et du feu, la lutte contre la forêt. Le défrichement de cette terre vierge donnant des résultats merveilleux, chaque saison fit reculer la limite des grands bois.

Le terrain non pas strictement cultivable, mais se prêtant à de larges exploitations, se réduit en fait à une ceinture autour de l'île comprenant les plaines basses du rivage et les pentes qui s'étendent de ces plaines au pied des montagnes. Au lieu de s'en tenir à ces régions, les colons poussèrent toujours plus haut leurs défrichements, qui finirent par atteindre les escarpements et les plateaux. Cet égoïsme imprévoyant a fort rapidement entraîné de funestes conséquences.

En 1803, Bory de Saint-Vincent pousse le premier cri d'alarme : « L'infécondité de Bourbon, grâce au déboisement et à la rareté des pluies qui en est la conséquence, séra un jour, comme l'aridité de l'Égypte et de la Perse et de tant d'autres déserts, la preuve indiscutable de l'ancienne possession de l'homme. »

Le général Decaen comprit, lui aussi, ce qu'aurait bientôt de désastreux cet abus de la destruction des arbres. Il signala l'action directe de ces déboisements inconsidérés sur le régime des pluies, sur le débit des sources et cours d'eau. Appuyant ces conseils de sages mesures, il ordonnait la plantation des bords des routes et chemins, et frappait de peines sévères les auteurs des défrichements nuisibles. Ces peines ne furent malheureusement jamais appliquées. L'arrêté du général Decaen demeura lettre morte.

Vers 1820, l'agronome Joseph Hubert élevait sa voix autorisée contre le déboisement et n'était pas plus écouté. Mais ce fut surtout en 1830 qu'après un terrible cyclone qui avait dévasté les plantations de caféiers, de girofliers, etc., tout le monde s'attacha à détruire les forêts pour entreprendre la culture de la canne.

Cependant les abus prenant une extension croissante, l'opinion publique finit par s'émouvoir devant les redoutables effets du déboisement, et réclama des remèdes.

Un règlement local du 18 septembre 1854 n'ayant pas répondu au but qui était désiré, le Conseil général de la Réunion résolut, en 1871, d'organiser un service de surveillance des forêts et d'entreprendre, dans la mesure du possible, le reboisement de la colonie.

Malheureusement, ces efforts louables ont été rendus en partie stériles par le défaut de compétence des personnes chargées d'élaborer les premiers projets et par le défaut de connaissances techniques des agents qui eurent mission de les mettre en œuvre. Ainsi la limite d'inclinaison des pentes, à partir de laquelle il devait y avoir interdiction de défrichemement, fut fixée à 45°, alors qu'il n'eût pas fallu dépasser 30°.

GORGES DE BORNIAU.

En second lieu, le reboisement eût dû être entrepris non sur le littoral, mais sur les hauteurs.

Quoi qu'il en soit, sur une étendue considérable, de la Pointe des Galets à Saint-Louis, de véritables forêts de filaos sont là pour attester les résultats pratiques obtenus.

Par suite du mode défectueux suivi pour la concession des propriétés à l'origine, les forêts domaniales sont morcelées et divisées à l'extrême. Leur contenance exacte serait difficilement déterminée.

Les forêts particulières sont incontestablement plus étendues ; elles embrassent toutes les parties des concessions originaires que l'exploitation des essences précieuses n'a pas entièrement dénudées. On n'en saurait également fixer même approximativement l'importance, mais il n'est pas exagéré de dire qu'elles sont au moins doubles en étendue des forêts domaniales.

Dans les unes comme dans les autres, les essences précieuses ont presque complètement disparu. Il n'en reste guère que chez quelques rares propriétaires sacrifiant à l'intérêt la gloire d'en rester les derniers possesseurs, ou si par ailleurs il s'en rencontre encore, c'est sur quelque versant inaccessible de rivière ou ravine. C'est que, de façon générale, les essences forestières de la colonie n'ont pas, comme les essences forestières d'Europe, les conifères exceptés, la propriété de rejeter de souches. On compte à peine deux ou trois espèces, la fleur jaune, l'ambaville et le bois d'olive, douées de cet avantage. Les essences précieuses ne se régénèrent que par semence, et comme pour croître elles demandent un siècle au moins, nul n'a songé à réparer les torts de devanciers, en engageant des dépenses improductives pour un si long temps.

Bois et essences. — L'exploitation des essences supérieures entraînant facilement leur disparition a été d'autant plus active que le prix de ces bois, comparables par leurs qualités au teck de l'Inde, est resté toujours très élevé. Aucun souci de l'avenir n'a, dans ces conditions, préoccupé ceux qui se sont livrés à cette dévastation.

Ainsi dégarnies de leurs essences supérieures, — natté, bois puant, bois de fer, bois d'olive, bois de bassin, takamaka, bois de pomme, bois d'ébène, bois de benjoin, bois rouge, — les forêts, tant domaniales que particulières, sont devenues presque partout des fourrés d'essences inférieures, « des sortes de maquis, » parfois impénétrables, dont la mise en rapport cependant intéresse au plus haut point la colonie.

On s'est donc demandé si, à défaut d'essences indigènes susceptibles d'un prompt rapport, il ne serait pas possible d'implanter une ou plusieurs essences exotiques d'un produit relativement rapide. C'est alors que M. Vinson, à qui la Réunion sera redevable de ce bienfait, a introduit et acclimaté le quinquina (*chinchona*), notamment dans le cirque de Salazie ; les graines et plantes qu'il a distribuées ont permis d'établir des pépinières en diverses parties de l'île et, en 1888, le service forestier comptait 26,700 arbres bien venus : l'utilisation de l'écorce a déjà commencé, car dès la septième ou huitième année l'arbre commence à donner des produits.

Le mode d'exploitation du chinchona usité en Amérique, où on le trouve à l'état spontané, tendant à épuiser rapidement les localités les plus riches, quelques nations européennes ont aussi, depuis quelques années, introduit le quinquina dans leurs colonies. On le cultive avec succès à Java, dans les Indes orientales, sur les côtes du Malabar et à Ceylan. Les écorces qui ont déjà paru sur les marchés de Paris et de Londres ne le cèdent en rien dans leur qualité aux écorces américaines.

Le quinquina craint à la fois les excessives chaleurs des plaines et les froids rigoureux des latitudes élevées ; il est donc parfaitement approprié au climat de la Réunion où les résultats obtenus permettent de fonder de sérieuses , espérances sur les avantages pécuniaires de cette exploitation.

Le filao a rendu aussi de très grands services, depuis le jour où la colonie a eu à souffrir des conséquences du déboisement. Le filao de Madagascar vient rapidement sur les terrains secs et arides, pourvu que l'altitude ne dépasse pas 300 à 400 mètres; il donne un excellent bois de feu. Il n'a guère été employé jusqu'à présent, mais il ne fait pas de doute qu'après avoir été immergé il pourrait devenir propre à fournir des pièces de charpente et de menuiserie.

On a fait également à la Réunion des plantations d'eucalyptus, l'arbre originaire d'Australie, pour assainir l'air et prévenir les fièvres intermittentes. On sait qu'en Algérie ces mêmes plantations ont produit d'heureux effets dans les régions où la fièvre exerce ses ravages.

IMMIGRATION. — Quand, à propos de la colonie de la Réunion, on soulève aujourd'hui la question d'immigration, ce n'est pas d'immigration européenne dont on veut parler.

En effet, dans la période moderne, un seul essai d'immigration européenne, tenté en 1849, n'a pas laissé de bons souvenirs. En présence des travailleurs asiatiques ou africains que renfermait le pays, les Européens ne pouvaient se résigner à subir une condition à peu près semblable et n'aspiraient qu'à rompre leurs engagements. De leur côté, les propriétaires se délivraient volontiers de mécontents d'un mauvais exemple pour le personnel des habitations. Ce qui serait désirable, c'est que quelques ouvriers ou cultivateurs spéciaux apportassent leur expérience aux essais de divers genres dont la colonie a senti la nécessité. Si le nombre des Européens à la Réunion doit s'augmenter, c'est au fur et à mesure de la division plus grande de la propriété, du développement des cultures et de l'accroissement de l'industrie. A cette heure, des besoins déterminés peuvent seuls conduire des Européens à venir se fixer dans l'île. Des groupes nombreux auraient plutôt à se diriger vers Madagascar ou d'autres terres.

La question de la main d'œuvre n'en est pas moins à l'ordre du jour à la Réunion comme dans beaucoup de nos

SAINT-DENIS. — Au Jardin de l'État.

anciennes colonies, et représente, là aussi, un problème des plus ardus et dont la solution s'impose.

Les premiers bras employés à la Réunion aux travaux de défrichement furent ceux des nègres malgaches que nous avons vus débarquer avec les colons de la période primitive. Plus tard les négriers amenèrent de toutes les parties du continent africain, et particulièrement de la région orientale, des noirs qui, connus sous le nom général de « Cafres », peuplèrent les plantations.

En 1848, date de l'abolition de l'esclavage, la colonie comptait 60,829 esclaves d'origine malgache, cafre ou mozambique. L'indemnité payée pour leur rachat a été de 41,104,005 francs, versés aux anciens possesseurs privés, aux communes et aux cures.

Au moment où le Gouvernement provisoire prononça l'émancipation de tous les travailleurs esclaves, la colonie se préoccupait déjà de trouver à l'extérieur les bras qui allaient lui manquer, car presque tous les anciens esclaves s'éloignèrent en effet du travail de la terre. D'autre part, la traite, supprimée en 1817 et qui n'avait réellement cessé qu'en 1831, avait arrêté l'introduction de nouveaux noirs dans l'île depuis cette dernière époque.

Pendant cette période antérieure à l'émancipation, la colonie avait tenté divers essais de recrutement dans les contrées voisines : la côte d'Afrique, l'Inde surtout, la Chine même, par leur voisinage et les ressources qu'offraient leurs populations, étaient naturellement désignées à son choix comme les lieux les plus propres à lui fournir des bras. Elle en avait introduit quelques-uns et, au jour de l'émancipation, 5,629 individus étaient tout ce qu'elle contenait de travailleurs libres, ainsi répartis : Indiens, 4,631; Africains, 408; Chinois, 590.

Mais, dès 1849, une immigration active s'établit et s'accrut de jour en jour. Les années 1849 à 1854 furent celles où l'introduction des travailleurs fut le plus considérable. L'immigration indienne a lieu à cette époque concurremment avec celle des Cafres et des Malgaches. Le mouvement se produisit dans ces conditions jusqu'en 1859, les introductions s'effectuant de façon exclusive par la voie du commerce.

Le recrutement des travailleurs de l'Inde se fit d'abord sur nos propres territoires de Pondichéry, de Karikal et de Yanaon ; mais ils furent bien vite épuisés et il fallut étendre les opérations de ce recrutement aux territoires britanniques du voisinage. Les difficultés apparurent alors; elles ne devaient malheureusement que s'accroître.

D'autre part le recrutement africain était également menacé par les reproches qu'on lui faisait d'évoquer les temps, les mœurs de l'esclavage ; il fallut même y renoncer, et, en 1860, s'ouvre ce qu'on peut appeler la deuxième période de l'immigration à la Réunion.

A cette date, le gouvernement français conclut avec la Grande-Bretagne une convention qui autorisait pour la colonie un recrutement de 6,000 travailleurs du Bengale. C'était un palliatif, un appoint insuffisant, car les besoins de bras augmentaient d'année en

Indienne domestique.

année. Après de laborieuses négociations avec le cabinet de Saint-James, le Gouvernement signa la convention de 1861 qui, cette fois, ouvrait tous les ports de l'Inde à l'immigration et permettait le recrutement des travailleurs indiens pour la Réunion sur le territoire des trois présidences.

Cette période, qui se prolongera pendant une vingtaine d'années, marque une situation commune aux deux colonies de la Réunion et de la Martinique.

L'immigration devient une institution régie par des règlements dont l'exécution est confiée dans l'Inde, soit à l'administration locale sous l'œil d'agents consulaires anglais, soit à des agents de recrutement nommés par le gouvernement français dans les présidences et surveillés par le gouvernement de l'Inde. A la Réunion, s'établit un service de protection des immigrants, sous les ordres du directeur de l'intérieur, et un consul anglais est installé à Saint-Denis.

Au point de vue de la prospérité, ces vingt années furent loin d'être égales pour la colonie. Au début l'agriculture était dans une période florissante ; puis les difficultés survenant, l'effet s'en répercuta sur le système d'immigration. Le malaise, la gêne, atteignent les propriétaires; les travailleurs sont les premiers à s'en ressentir. Leurs réclamations ont écho jusque dans la presse, une agitation se produit. Des commissaires anglais et français sont nommés, et leur enquête provoque de nouveaux règlements qui placent sous l'autorité directe du gouvernement le service spécial de l'immigration, ou plutôt du protectorat.

Un Cafre.

Car l'immigration active va prendre fin. C'est une troisième période qui s'ouvre et elle amène, à la fin de 1882, la brusque suspension du recrutement prononcée par le gouvernement de l'Indoustan, malgré les sacrifices qu'avait faits la colonie pour la garantie des droits de ces sujets anglais, malgré la présence d'un consul d'Angleterre dont les avis avaient toujours été très écoutés.

Les Indous venus à la Réunion pour cinq ans — terme ordinaire des contrats d'engagement — ne sont généralement pas repartis. Néanmoins, comme l'immigration de ces Orientaux aussi bien que des Cafres s'est constamment pratiquée en violation des lois naturelles d'une proportion normale entre les sexes, la quantité des immigrants ne saurait croître ni même se maintenir, tant que l'équilibre ne sera pas rétabli. Les femmes ayant toujours été importées en nombre beaucoup moindre que les hommes, il en résultait que les familles ne pouvaient se constituer qu'à l'état d'exception et la mortalité a toujours été plus considérable que la natalité. C'est par de continuelles importations que se comblaient les vides dans les ateliers des plantations. D'autre part, les travailleurs mis ainsi à la disposition de la colonie n'étaient point toujours valides. Aussi leur rendement était-il faible, si l'on tient compte des frais d'introduction, s'élevant en moyenne à 450 francs par tête, des jours d'absence et de maladie, on verra que le prix de la journée de travail effectif était de 2 fr. 50.

La statistique officielle du service de l'immigration à la Réunion donne, pour l'année 1887, les chiffres suivants :

Immigrants indous :

Hommes	14,391
Femmes	5,052
Enfants	6,358
TOTAL	25,801

Immigrants africains :

Hommes	10,306
Femmes	2,666
Enfants	2,508
TOTAL	15,480

Quant aux Chinois, en tant que travailleurs soumis à un engagement, ils ont absolument abandonné la colonie. Pour la plupart ils ont pris le chemin de l'île Maurice. Celle-ci compte environ 200,000 travailleurs immigrants, proportion qui lui assure une main-d'œuvre dont le défaut devient un péril pour notre colonie.

Le Chinois, à la Réunion, fait emploi de ses aptitudes de trafiquant en monopolisant le petit commerce ; les fils du Céleste Empire ne s'expatrient pas pour cultiver la terre. Leur concurrence, à raison de leur nombre et de leur habileté, est redoutable. Des Arabes tendent d'autre part à accaparer le commerce des tissus. Les seuls négociants en grains alimentaires sont, à la Réunion comme à Maurice, des Arabes, des Chinois ou des Indous.

Cette éviction du marché du travail des véritables créoles est un peu le fait de ceux-ci, dont bon nombre quittent la colonie pour rentrer en Europe.

Une observation à relever, c'est qu'un nombre considérable de Cafres et de Malgaches ont disparu du personnel de l'immigration, par suite de la facilité avec laquelle ils se fondent dans l'ancienne population et les affranchis de 1848 ou leurs descendants. Ces anciens immigrants abandonnent leur nom indigène, pour prendre un nom français. Très rapidement, ils pénètrent, en s'en assimilant les habitudes et les mœurs, dans la population fixe. Après cinq ans de séjour, le Cafre, « venu nu de sa province », revêt la redingote le dimanche ; il est vrai qu'il a le grand mérite de travailler assidûment toute la semaine.

Quant aux Indous, ils restent plus fidèles à leurs coutumes et à leurs rites, et la fête du Yamseh rivalise de luxe et d'éclat avec la Fête-Dieu.

On a pu voir que des représentants de nombreuses races vivaient groupés sur le sol de l'île de la Réunion. Quel régime administratif, quel climat supportent ces habitants? quelles sont les conditions générales de salubrité de la colonie? C'est ce qu'il nous faut exposer.

BUDGET. — Les dépenses de souveraineté, d'administration générale et de protection, à la charge de la métropole, atteignent 2,615,902 francs (service colonial), somme à laquelle il convient d'ajouter les dépenses imputables au service de la marine.

En 1888, le budget du service local de la Réunion, s'établissait ainsi :

DÉPENSES

1re Section. — *Dépenses obligatoires.*

Chapitre I. — Dettes exigibles.......	652,800	»
— II. — Pensions,.............	86,249,94	
— III. — Services administratifs.	224,280	»
— IV. — Instruction publique...	380,689,41	
— V. — Police, Prisons, Immigration	309,455	»
— VI. — Hospice des aliénés....	40,980	»
— VII. — Dépenses assimilées à la solde............	25,000	»
— VIII. — Fonds mis à la disposition du Gouvernement	20,000	»
— IX. — Service obligatoire des Douanes............	66,387	»
— X. — Dépenses d'exercice clos	*Mémoire.*	

2e Section. — *Dépenses facultatices.*

Chapitre XI. — Services administratifs.	4,744	
— XII. — Services représentatifs.	29,746	»
— XIII. — Services financiers.....	943,871	»
— XIV. — Protectorat des immigrants............	62,023	»
— XV. — Services divers........	119,689	»
— XVI. — Travaux publics.......	494,311,45	
— XVII. — Hôpitaux............	135,040,95	
— XVIII. — Dépenses assimilées à la solde............	25,000	»
— XIX. — Bourses, Subventions, Secours............	80,000	»
— XX. — Dépenses non classées.	45,567	»
— XXI. — Dépenses d'exercice clos	*Mémoire.*	
TOTAL GÉNÉRAL......	3,748,402,75	

RECETTES

Chapitre I. — Enregistrement et Domaines	700,000	»
— II. — Contributions directes.	677,600	»
— III. — Douanes, Contributions indirectes...........	2,217,414	»
— IV. — Produits du lycée.....	103,000	»
— V. — Produits divers........	50,000	»
Total général..........	3,748,434	»

On ne sera pas sans remarquer que le budget local s'alimente principalement par les recettes provenant des douanes et des contributions indirectes. C'est que l'impôt foncier n'existant pas à la Réunion s'y trouve remplacé par un droit de sortie de 2 1/4 0/0 de la valeur sur les sucre, café, vanille, etc., ce qui explique l'importance que prend ce chapitre des recettes au budget local.

Quant au budget récapitulatif des communes, il présente, en son ensemble, les totaux ci-après :

Dépenses obligatoires.................	1,921,465,80	
— facultatives................	922,978,98	
— extraordinaires.............	234,052	»
Total général.........	2,978,496,78	

Recettes ordinaires.	2,744,444,78	
— extraordinaires	234,052	»
Total général.........	2,978,496,78	

Les dépenses qui grèvent le plus les budgets communaux sont premièrement l'acquittement des dettes exigibles qui impose un prélèvement annuel de 717,007 fr. 03, et ensuite, avec les frais de police, figurant pour un chiffre de 334,464 fr. 50, les allocations pour le personnel et le matériel de l'instruction publique, portées pour la somme de 451,865 francs.

La recette la plus considérable des communes provient
de l'octroi de mer; de ce chef, elles ont dû encaisser, en
1888, la somme de 1,068,700 francs. Un tiers du droit
de consommation des spiritueux leur étant attribué, cette
recette s'est chiffrée, à la seconde ligne du budget, par un
total de 675,263 francs.

En dehors de Saint-Pierre, qui possède un important

SAINT-DENIS. — La Cathédrale.

domaine communal (163,948 francs de revenu annuel), les
autres communes ignorent cette sorte de ressources; il est
vrai que d'autre part Saint-Pierre doit payer, pour amor-
tir les dépenses de construction de son port, une annuité
de 231,052 francs, charge qui n'incombe à aucune autre
ville dans la colonie.

Les chiffres de ces budgets, comparés à ceux des budgets
des communes de la Martinique et de la Guadeloupe, sont

très sensiblement supérieurs, bien que ces deux colonies comprennent une population plus nombreuse. C'est donc qu'il régnerait à la Réunion une activité agricole et industrielle plus grande, ce dont nous allons pouvoir nous rendre compte.

CLIMATOLOGIE. — On sait déjà que l'année à la Réunion se divise en deux saisons : l'*hivernage,* de novembre à avril, caractérisé par la chaleur, les cyclones et les grandes pluies; la *belle saison,* ou *saison sèche,* de mai à octobre, plus fraiche, plus sèche; pendant celle-ci souffle l'alisé du sud-est qui n'apporte que rarement la pluie.

Le maximum de 34° 30 centigrades a été observé à Saint-Denis dans le mois de février; la moyenne de cette ville est de 25°. Saint-Paul est un peu plus chaud, Saint-Pierre un peu moins. Nous en avons indiqué les raisons plus haut. Le thermomètre oscille entre 19 et 24° dans la plaine des Cafres. Cependant, pendant que la neige vient à tomber parfois, ainsi que nous l'avons dit, sur les hauts sommets, à cette même plaine, le givre recouvre le sol presque tous les matins.

Le phénomène de la grêle a été constaté quatre ou cinq fois depuis le commencement du siècle.

A l'époque où la colonie justifiait si pleinement sa réputation de salubrité, les orages étaient fréquents pendant l'hivernage. Aujourd'hui le bruit du tonnerre ne se fait plus entendre que rarement; il a manqué presque absolument et tout à coup dans les sept premières années de la période, si féconde en désastres de tout genre, qui s'est ouverte pour la colonie en 1863.

La pression moyenne barométrique est de 762,31.

Les mouvements brusques et ascendants du baromètre coïncident avec un chiffre très élevé de l'ozonomètre.

Le vent de terre, qui se lève au coucher du soleil, donne à l'atmosphère une limpidité remarquable, aux clairs de lune un éclat sans pareil. Ces belles nuits si fréquentes feraient de la Réunion une station privilégiée pour les observations astronomiques.

On a observé, à l'île de la Réunion, malgré le chiffre peu élevé de sa latitude, trois aurores australes depuis le commencement du siècle. Dans la nuit du 4 février 1872, où le phénomène se produisit pour la dernière fois, les faisceaux de lumière atteignirent le zénith.

L'état hygrométrique varie suivant les localités : la partie sous le vent est généralement sèche; la zone de Saint-Philippe à Saint-Benoît est, au contraire, presque continuellement pluvieuse.

Saint-Denis reçoit en moyenne 1,246 millimètres d'eau chaque année, Saint-Paul 700 millimètres, Saint-Pierre 884 millimètres, Saint-Joseph 2,138, Saint-Benoît 4,124; sur ce dernier point il est tombé en une seule année 5,686 millimètres d'eau.

A Saint-Denis, les vents régnants sont le vent d'est, et plus fréquemment le vent du sud-est; à Saint-Paul, de nord-est et sud-ouest; à Saint-Pierre c'est le vent du sud-est qui prédomine.

Et maintenant il nous reste à parler des terribles ouragans, des cyclones ou tempêtes tournantes, qui sont le fléau des Mascareignes. Depuis le commencement du siècle, la Réunion a subi ce fléau plus de quarante fois. Il n'est donc pas inutile d'en parler avec quelque détail.

L'explication qui est fournie de l'origine des cyclones est la suivante. Les ouragans, dit-on, qui d'ordinaire se forment dans le voisinage de l'équateur, entre le 5ᵉ et le 10ᵉ degré de latitude méridionale, traversent ensuite obliquement la mer des Indes en se dirigeant vers le sud-ouest.

C'est dans les parages des Mascareignes ou plus à l'ouest, vers Madagascar, que les météores tournoyants dévient vers le sud, pour se porter ensuite dans la direction du sud-est, en sens inverse des vents alisés. Dans ce long trajet parabolique, le tournoiement de l'air se fait autour d'un centre relativement calme qui se déplace incessamment, et la spirale se meut toujours en tournant de l'ouest à l'est par le nord et de l'est à l'ouest par le sud.

Telle est la théorie qui établit la marche régulière des ouragans et que Joseph Hubert, dès 1788, avait indiquée.

En toutes saisons se sont produits des cyclones, mais la période la plus redoutable est entre les mois de décembre et d'avril, particulièrement au mois de février. La violence des ouragans n'est pas non plus uniforme. Tantôt c'est un coup de vent qui aura agité la mer pendant quelques heures, tantôt une furieuse rafale qui bouleversera les flots durant plusieurs jours et sur une largeur de plus d'un millier de kilomètres. Le cyclone principal peut être accompagné d'un cyclone secondaire et le navire qui a fui devant la tempête est saisi dans une autre. L'effet du tournoiement du vent est d'entre-croiser les vagues de sorte qu'on a comparé l'aspect de l'océan à celui d'une chaudière bouillante.

L'ouragan du 26 février 1860 est resté célèbre. Trois navires disparurent, trois se brisèrent sur les côtes de Madagascar; six, échappés à grand'peine, durent être démolis; vingt-quatre furent gravement avariés; des marchandises pour une valeur de plus de trois millions de francs se perdirent dans les flots. Le cyclone de 1868, peut-être plus terrible encore, démolit, dans les Mascareignes, 2,893 cases et 20,188 cabanes.

« Il est arrivé fréquemment que Maurice fut dévastée sans que le cyclone atteignît l'île sœur. D'autres fois le côté des terres tourné au vent reçut tout le heurt de l'ouragan, tandis que le côté situé sous le vent était complètement épargné. Tel village était renversé de fond en comble et le village voisin seulement effleuré. La force du cyclone diffère aussi suivant la hauteur; parfois l'atmosphère reste parfaitement calme au sommet des montagnes de la Réunion, alors que les bois du littoral sont brisés par la rafale et que les toits des maisons s'envolent dans le vent.

PANORAMA DE SALAZIE.

« En même temps que la tempête des airs, les riverains ont à redouter les colères de l'océan.

« Des raz de marée précèdent et accompagnent toujours les cyclones, non seulement ceux qui ont labouré les mers voisines des Mascareignes, mais encore ceux qui se sont produits au loin; on redoute surtout les lames de fond propagées du banc des Aiguilles. Des blocs énormes de corail, qui se trouvent maintenant à quelque distance du littoral, ont été arrachés des récifs et poussés sur la terre par des vagues profondes; à la vue de ces rochers projetés loin de la rive, on pourrait croire qu'ils ont été lancés par une explosion sous-marine.

« Menacées comme elles le sont par les violences de l'air et de l'eau, les deux îles ont le plus grand intérêt à s'avertir mutuellement de tous les changements de temps qui s'annoncent. Quoique de l'une des îles on ne puisse apercevoir que très rarement l'autre, située à 245 kilomètres de distance, cependant la courbure de la terre n'empêche pas que les montagnes de la Réunion puissent être frappées par un rayon de lumière lancé du haut d'un pic de Maurice. Des communications optiques entre les deux îles ont été établies; on sait désormais que l'île du nord-est, attaquée une douzaine d'heures avant la Réunion, pourrait lui signaler l'imminence du danger : néanmoins on n'a pas donné suite à ce système international de signaux. » (*Géographie universelle* de M. Élisée Reclus.)

Quant aux dangers offerts à la navigation, l'importance des désastres doit diminuer, les lois qui président aux mouvements des cyclones étant de plus en plus connues.

Il n'y a point d'ouragan sans raz de marée. Mais souvent un raz de marée se produit sans qu'un ouragan frappé la colonie; c'est qu'alors le météore passe à une distance considérable, même par 30 ou 35° sud, dans le voisinage du cap de Bonne-Éspérance. Des lames monstrueuses peuvent battre le rivage, sans que l'atmosphère soit troublée, alors que le baromètre descend à peine d'un millimètre. Saint-Pierre a d'affreux raz de marée dans la belle saison ; ils lui viennent du Cap.

Le maximum de la marée ne dépasse pas 1ᵐ, 10 au dessus des plus basses mers, en moyenne 55 centimètres au-dessus du niveau moyen.

La Réunion a été longtemps citée pour sa salubrité. Fla-court raconte qu'il suf-fisait d'y débarquer des malades pour les guérir, et ce n'était pas là une assertion exagérée :

« L'air de ces îles est le meilleur qu'il y ait sous le ciel », disait le voya-geur Dubuat.

Depuis vingt ans ce bon renom s'est perdu. Au sujet des causes qui ont troublé ce paradis terrestre, deux opinions sont en présence.

Suivant les uns, le paludisme, qui sévit si cruellement depuis 1869, a été importé dans la colonie soit par des immigrants, soit par les engrais dont il s'est fait pendant quelques années une si grosse consom-mation.

Un Malgache.

Cette opinion a d'autant plus de défenseurs parmi les habitants de la Réunion que, pour certaines épidémies comme la fièvre à rechute et, on peut le dire, pour toutes les grandes épidémies qui ont sévi à la Réunion, l'importation n'est contestée par personne.

Les partisans de la transformation lente, mais continue, de la constitution médicale des deux îles sœurs font à cette théorie les objections suivantes.

Sonnerat, en parlant de l'île de France, écrivait déjà en
1782 : « Cette île était autrefois très saine; mais depuis
qu'on y a remué les terres, on y est sujet à la fièvre. » De
1850 à 1852, Leroy de Méricourt constatait à Saint-Paul de
nombreux cas de fièvre et des accès pernicieux. En 1865,
Collas signalait la fréquence à l'hôpital de Saint-Denis des
entrées pour fièvres intermittentes. Enfin le relevé de la
qnantité de quinine consommée dans les hôpitaux de Maurice accuse depuis cinquante ans une augmentation pro-
gressive.

On a discuté et on discute encore avec passion à la
Réunion et à Maurice ces deux opinions.

M. E. Raoul, compétent pour se prononcer, paraît accor-
der une part de vérité à l'une et l'autre manière d'envisa-
ger la question. Les transformations, dit-il, accomplies
dans la constitution médicale et notamment l'apparition
du paludisme sur le littoral ne seraient-elles pas dues à
l'accroissement continu, dans la région du littoral, des terres
alluvionnaires, dont les pluies torrentielles, depuis le
déboisement, agrandissent chaque jour le dépôt ? Les sécheresses, autres conséquences du déboisement, ne donne-
raient-elles pas à l'eau stagnante, au marécage, ses meil-
leures conditions de nocuité, c'est-à-dire la variation du
niveau ?

D'autre part, n'est-il pas possible d'admettre, par analogie avec ce qui se passe en pays chinois, que l'agglomération actuelle de la population dans un pays longtemps à
peine habité ait pu souiller profondément un terrain que,
selon l'expression du docteur Colholendy, « l'immigration
indienne est en train de façonner à l'image de la mère patrie? »

Quant à la pathologie générale de l'île, elle est, en
dehors du paludisme, dominée de toute sa hauteur par
deux sortes de maladies : les maladies du système lympha-
tique et l'hématurie sous ses diverses formes.

L'observation des règles d'hygiène générale et des règles

spéciales qui sont recommandées par la nature et le climat
du pays est, à la Réunion comme en tout pays, la garantie
d'un bon état de santé.

La mortalité générale, qui atteignit jusqu'à 23 0/0 en
1867, tomba à 9 0/0 en 1872 et ne dépasse guère actuellement 3,20 0/0.

LES MONNAIES. — Avant 1879, la circulation monétaire
à la Réunion était assurée par des monnaies étrangères
de toutes sortes dont le cours avait été officiellement fixé.
Les principales de ces monnaies étaient le quadruple espa-
gnol et le quadruple mexicain, le mohur ou roupie d'or,
la piastre espagnole, la roupie de l'Inde, le kreutzer. Quant
à la monnaie nationale, elle était fort rare et, véritable
marchandise, elle se vendait à des taux plus ou moins élevés, suivant le cours du change sur l'Europe.

En 1879, le gouvernement métropolitain prit le parti de
démonétiser toutes les pièces étrangères en circulation et
d'appliquer dans la colonie le régime monétaire français.
Mais pour parer aux difficultés qui allaient naître d'une
telle modification, il autorisa également la création de
bons de caisse du Trésor qui permirent de défendre l'en-
caisse métallique de la Banque de la Réunion, surtout en
l'année 1884. A cette époque, le change s'étant élevé subi-
tement de 3 1/2 à 17 0/0, la monnaie française, redevenue
plus que jamais un objet de commerce, fut activement re-
cherchée pour servir de remise ; elle obtenait une prime
de 10 à 12 0/0 et chaque courrier en emportait des sommes
importantes.

Un arrêté du gouverneur, visant le décret du 2 mai 1879,
décida l'émission de 500,000 francs de bons de caisse en
coupures de 1, 3, 50 et 100 francs, auxquelles il a été ajouté
depuis des bons de 50 centimes et de 2 francs.

On ne trouve plus aujourd'hui d'autres monnaies en circulation dans toute l'île que ces bons du Trésor, des monnaies en bronze de 5 et 10 centimes et des billets de la
Banque de la Réunion.

La colonie possède deux établissements de crédit fondés tous deux au moyen des ressources du pays lui-même.

La Banque de la Réunion, qui a son siège à Saint-Denis, est une société anonyme fondée en 1851 au capital initial de 3 millions de francs, élevé depuis à 4 millions. La Banque émet, à l'exclusion de tous autres établissements, des billets payables à vue, au porteur, de 500, 100, 25 et 5 francs, qui sont reçus comme monnaie légale dans l'étendue de la colonie par les caisses publiques ainsi que par les particuliers. Son privilège, renouvelé une fois, expire le 10 septembre 1894.

Les prêts sur cession de récolte sont légalement pratiqués par la Banque; ces prêts ne peuvent dépasser le tiers de la valeur du gage.

Le *Crédit agricole et commercial*, fondé en 1864 sous forme de société à responsabilité limitée, au capital de 1,600,000 francs, a été transformé en 1876 en une société anonyme libre, au capital de 3 millions de francs, divisé en actions de 500 francs sur lesquelles il n'a été appelé que le quart.

Le Crédit agricole, dans le but de faciliter l'utilisation des plus faibles économies, a fondé sous le titre de *Caisse de prévoyance* une sorte de caisse d'épargne qui compte de nombreux déposants, tant créoles qu'immigrants.

Enfin signalons la création plus récente du *Crédit foncier colonial*.

On peut indiquer comme moyenne du taux de l'intérêt dans la colonie, au civil le chiffre de 7 0/0, au commercial de 11 et 12 0/0.

MOYENS DE COMMUNICATION. — Depuis vingt-cinq ans la colonie de la Réunion est desservie par les paquebots-poste de la compagnie des Messageries maritimes. Les départs ont lieu de Marseille et s'effectuent deux fois par mois, le 1er et le 12.

Le premier service, le plus rapide, répond à une traversée de vingt et un jours avec escales à Port-Saïd, Suez,

Aden, Mahé (îles Seychelles); de ce point, d'où la grande ligne se poursuit vers l'Australie, part un bateau annexe pour la Réunion et l'île Maurice.

Le second service emprunte, après la station de Suez, la voie d'Obock, Aden, Zanzibar, Mayotte, Nossi-Bé, Diego-Suarez, Sainte-Marie, Tamatave, la Réunion, et a également

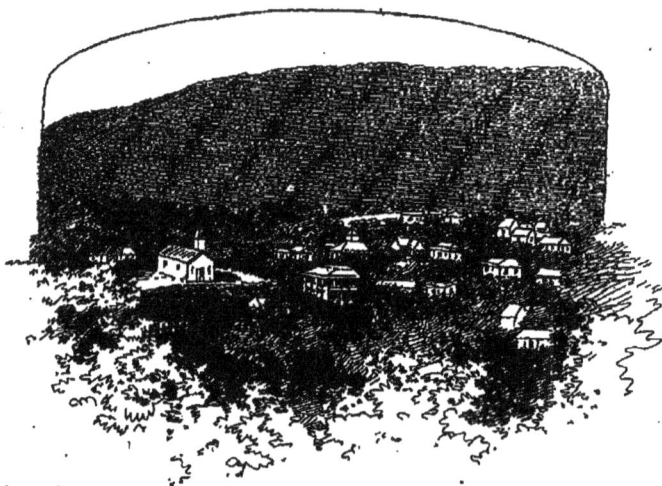

Plateau de Helburg.

l'île Maurice pour point terminus. La durée du trajet est de trente jours.

Les prix de passage sont de 1,500 francs en 1re classe, de 950 francs en 2e classe, de 475 francs en 3e classe. La compagnie des Messageries maritimes délivre des billets d'aller et retour à prix réduits, valables pour 3, 6, 9 et 12 mois.

Il a été créé un service de transport des petits colis et échantillons pour toutes les destinations desservies par les paquebots de la compagnie.

Il n'existe pas de lignes de bateaux à vapeur entre la Réunion et le Cap. Les communications avec ce dernier point se font par la voie de Maurice.

Les îles de la Réunion et Maurice disposent des services réguliers des Messageries, et ont en outre entre elles d'incessantes communications par des bâtiments de commerce tant à voiles qu'à vapeur.

L'établissement d'un câble entre Zanzibar, Maurice et la Réunion est à l'étude, mais jusqu'à ce jour la colonie se trouve privée de ce mode de communications rapides. Le Conseil général, en votant une subvention annuelle de 75,000 francs au profit de l'*Eastern Extension Telegraph Company*, a montré l'importance qu'il attachait à cette création.

Le service des correspondances échangées à l'intérieur de la colonie s'opère de Saint-Denis à Saint-Pierre et à Saint-Benoît, par la voie ferrée; de Saint-Benoît à Saint-Pierre (par le Grand-Brûlé) et de Saint-André à Salazie par diligences. Toutes les autres localités sont desservies par estafettes.

Le tarif ordinaire de la taxe des lettres pour l'intérieur est de 0 fr. 15, et pour les pays composant l'union postale de 0 fr. 25.

Le réseau télégraphique s'étend aujourd'hui de Sainte-Rose à Saint-Philippe, en passant par Saint-Denis. Le nombre de dépêches échangées est en moyenne de 35,000 par an.

La presse à bon marché est de fondation nouvelle à la Réunion; elle date de la création relativement récente du journal *le Créole*.

La colonie compte en outre un certain nombre de journaux et publications périodiques :

Le *Journal officiel* (mercredi et samedi);

Le *Nouveau Salazien et Moniteur de la Réunion* (mardi, jeudi, dimanche);

Le *Bulletin commercial*, courrier mensuel du *Créole* pour l'Europe;

La *Revue commerciale*, paraissant au départ de chaque courrier pour l'Europe.

L'Enfant terrible, journal charivarique, paraissant irré-
gulièrement;

La Vérité, journal quotidien;

L'Indépendance coloniale, paraissant les mercredis, ven-
dredis et dimanches;

Le Réveil, quotidien;

La *Revue bourbonnaise* (lundis).

Ces différentes feuilles sont imprimées à Saint-Denis, la
capitale.

Enfin la colonie est encore dotée d'un moniteur des
courses, le *Sport colonial.*

Une *Société des courses* a été fondée à la Réunion et
s'occupe activement de son objet.

Un Marchand indien.

Renseignements statistiques.

Comparaison entre les années 1867 et 1887.

POPULATION.

1867.... 103,407 dont 865 Français } Augmentation 60,474
1887.... 163,881 dont 936 Français }

INSTRUCTION.

1867.................. 65,725 } Diminution 986
1887.................. 64,736 }

IMPORTATION.

1867.................. 26,420,852 } Diminution 8,497,231
1887.................. 17,523,621 }

EXPORTATION.

1867.................. 20,253,942 } Diminution 5,426,677
1887.................. 14,827,265 }

ANIMAUX DE LABOUR.

1867.................. 15,367 } Diminution 2,978
1887.................. 12,389 }

LIGNES FERRÉES.

1882.................. 114 kil. } Augmentation 11 kil.
1887.................. 125 kil. }

LIGNES TÉLÉGRAPHIQUES.

1872.................. 70 kil. } Augmentation 246 kil.
1887.................. 316 kil. }

RECETTES ET DÉPENSES.

Recettes.

1867.................. 5,398,641 } Diminution 160,902
1887.................. 5,237,739 }

Dépenses.

1867.................. 5,084,670 } Augmentation 142,131
1887.................. 5,226,801 }

Bibliographie.

BRUNET (DE). — *L'instruction publique à l'île de la Réunion*. Paris, Berger-Levrault, 1884.

CREMAZY PASCAL. — *Notice bibliographique sur l'île de la Réunion*. Saint-Denis, Drouhet fils, 1884.

CRESTIEN (G. F.). — *Causeries historiques sur l'île de la Réunion*. Paris, Challamel, 1881.

DELTEIL (A.). — *Note sur le climat de la Réunion*. Paris, Challamel, 1886.

DONCOURT. — *Les grandes îles de l'Afrique orientale*. Lille, J. Lefort, 1885.

GÜBT. — *Les origines de l'île Bourbon*. Bayle, 1885.

HUE (FERNAND). — *La Réunion et Madagascar*. Paris, Lecène et Oudin, 1887.

JOUBERT ET FLEURY. — *Note sur les travaux du port de la Réunion*. Paris, Capiomont et Renault, 1885.

LAVALLEY ET MOLINOS. — *Le port et le chemin de fer de l'île de la Réunion*. Paris, Chaix et Cie.

LÉVY (MICHEL). — *Mémoire sur les failles de la partie occidentale du Morvan*. Paris, Imprimerie nationale, 1880.

MAGER (HENRI). — *Atlas colonial*. Paris, Ch. Bayle, 1887.

RAMBAUD (ALFRED). — *La France coloniale*. Paris, Armand Colin et Cie.

RECLUS (ÉLISÉE). — *Géographie universelle*. Tome XI. Paris, Hachette et Cie.

ROUSSIN. — *Album de la Réunion*. Recueil de dessins avec texte. 6 volumes, 1869-1880.

SCHUCHARDT. — *Sur le créole de la Réunion*. Nogent-le-Rotrou, Daupley, 1883.

VALSY TOCARD. — *Du patois créole à Bourbon*.

Annuaires de l'île de la Réunion. Imprimerie du gouvernement, à Saint-Denis.

Notices coloniales, publiées à l'occasion de l'Exposition universelle d'Anvers, 1885. Imprimerie nationale.

Statistiques coloniales. Imprimerie nationale.

Collections photographiques de l'Exposition permanente des Colonies.

Une Cafrine.

PAR PAUL PELET _ 1889 _ N° 13

LA RÉUNION ET MAURICE - KERGUELEN

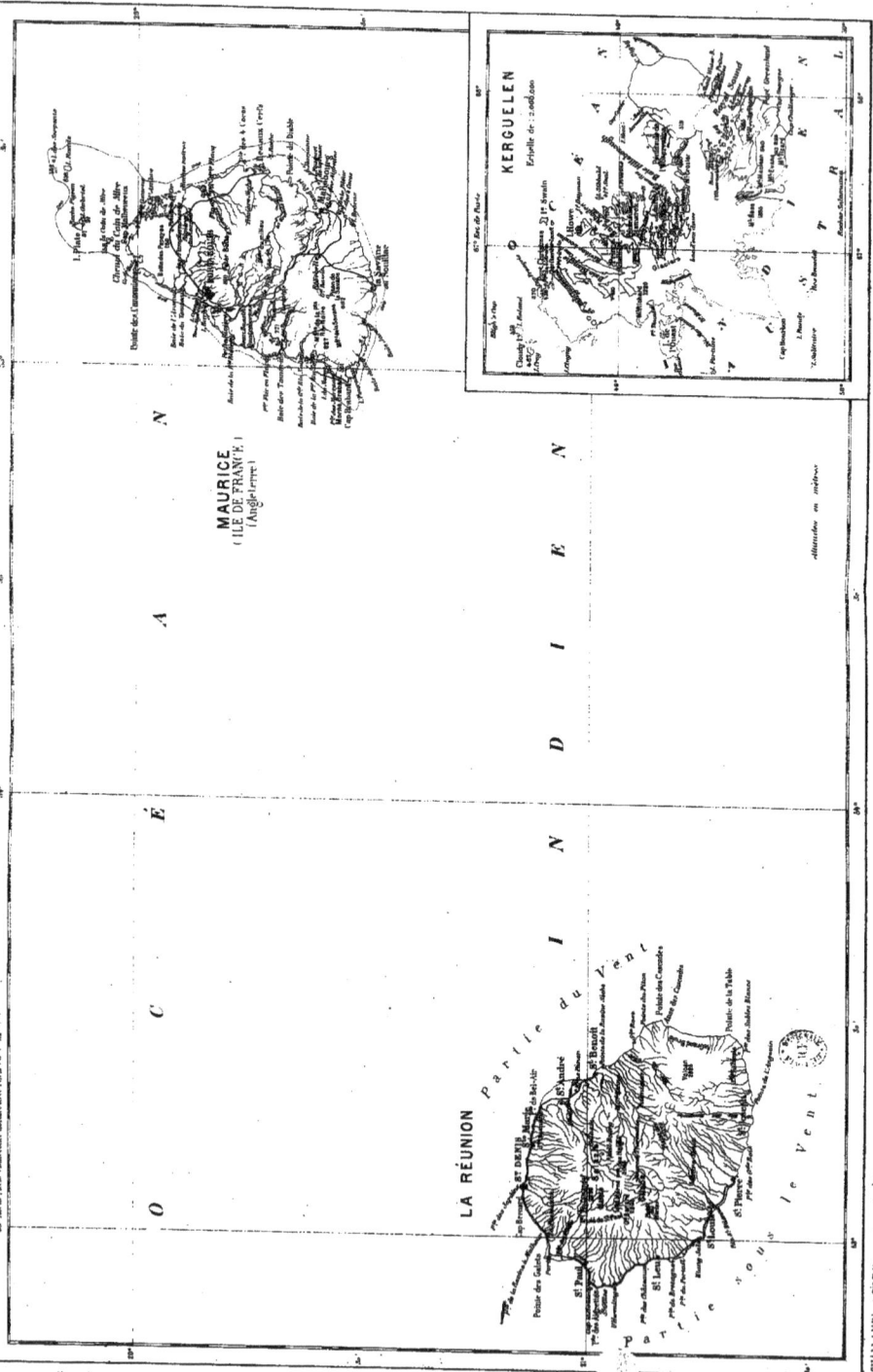

KERGUELEN
Echelle de 1:2.000.000

MAURICE
(ILE DE FRANCE)
(Anglaterre)

O C É A N   I N D I E N

LA RÉUNION

Partie du Vent

Partie sous le Vent

Echelle de 1:1.000.000

CHALLAMEL et Cie Éditeurs, 5 rue Jacob, Paris.

LES
COLONIES FRANÇAISES

NOTICES ILLUSTRÉES

Publiées

PAR ORDRE DU SOUS-SECRÉTAIRE D'ÉTAT DES COLONIES

SOUS LA DIRECTION DE M. LOUIS HENRIQUE
Commissaire spécial de l'Exposition coloniale.

MAYOTTE, LES COMORES
NOSSI-BÉ, DIEGO-SUAREZ
SAINTE-MARIE DE MADAGASCAR

PARIS
MAISON QUANTIN
COMPAGNIE GÉNÉRALE D'IMPRESSION ET D'ÉDITION
7, rue Saint-Benoît, 7

1889

LES

COLONIES FRANÇAISES

NOTICES ILLUSTRÉES

Publiées

PAR ORDRE DU SOUS-SECRÉTAIRE D'ÉTAT DES COLONIES

SOUS LA DIRECTION DE M. LOUIS HENRIQUE

Commissaire spécial de l'Exposition coloniale.

MAYOTTE, LES COMORES
NOSSI-BÉ, DIEGO-SUAREZ
SAINTE-MARIE DE MADAGASCAR

PARIS

MAISON QUANTIN

COMPAGNIE GÉNÉRALE D'IMPRESSION ET D'ÉDITION

7, rue Saint-Benoît, 7

Cette publication, conçue sur un plan absolument nouveau, est, avant tout, un ouvrage de vulgarisation, qui a pour but de faire connaître au public nos possessions d'outre-mer sous l'aspect le plus réel, le plus vivant et le plus attrayant tout à la fois.

Ce n'est ni une simple description géographique, ni un précis historique écourté, ni une banale énumération de noms et de produits, ni un recueil de chiffres, tableaux et renseignements statistiques, encore moins un plaidoyer en faveur de tel ou tel système de politique coloniale : c'est une œuvre sincère, impartiale.

C'est la description fidèle des pays lointains, mal connus et mal jugés souvent, qui forment notre domaine extérieur, la peinture exacte des habitants qui peuplent ces petites Frances disséminées à travers les Océans, une sorte d'inventaire de notre richesse coloniale.

C'est pour le colon, le commerçant, le voyageur, une source de documents précieux sur le climat, l'alimentation, l'hygiène, les prix des denrées, le taux des salaires, les genres de culture et leur production, les voies et moyens de transport, le coût des voyages : en un mot, sur tout ce qui constitue la vie économique et sociale dans chacune de nos colonies; nous signalons même ce chapitre des notices comme particulièrement nouveau.

L'ouvrage comprend cinq parties, formant chacune un volume, divisé chacun en quatre fascicules :

I. — **Colonies et protectorats de l'océan Indien.** — La Réunion. — Mayotte, les Comores, Nossi-Bé, Diego-Suarez, Sainte-Marie de Madagascar. — L'Inde française. — Suivis d'une notice sur Madagascar.

II. — **Colonies d'Amérique.** — La Martinique. — La Guadeloupe. — Saint-Pierre et Miquelon. — La Guyane.

III. — **Colonies et protectorats d'Indo-Chine.** — Cochinchine. — Cambodge. — Annam. — Tonkin.

IV. — **Colonies et protectorats de l'océan Pacifique.** — La Nouvelle-Calédonie. — Tahiti, les Iles-sous-le-Vent. — Wallis, Futuna, Kerguelen. — Suivis d'une notice sur les Nouvelles-Hébrides.

V. — **Colonies d'Afrique.** — Le Sénégal. — Le Soudan français. — Le Gabon-Congo. — La Guinée. Obock. — Suivis d'une notice sur Cheïk-Saïd.

M. LOUIS HENRIQUE, commissaire spécial de l'Exposition coloniale, a été officiellement chargé par M. le Sous-Secrétaire d'État des Colonies d'élaborer le plan de l'ouvrage et d'en diriger la publication. Il a eu pour collaborateurs :

MM. CHARVEIN.	MM. Baron MICHEL.
CLOS.	MORICEAU.
DELONCLE (J.-L.).	PELLEGRIN.
DULUC (Jean.).	RAOUL.
EBRARD ST-ANGE.	RÉVOIL.
DE FONVIELLE.	TRÉFEU.
FRANÇOIS.	VÉRIGNON.

Toutes les illustrations ont été dessinées d'après nature spécialement pour cet ouvrage ; une ou plusieurs cartes dressées par M. PAUL PELET, d'après les documents les plus récents et les plus complets, accompagnent chaque monographie.

———————

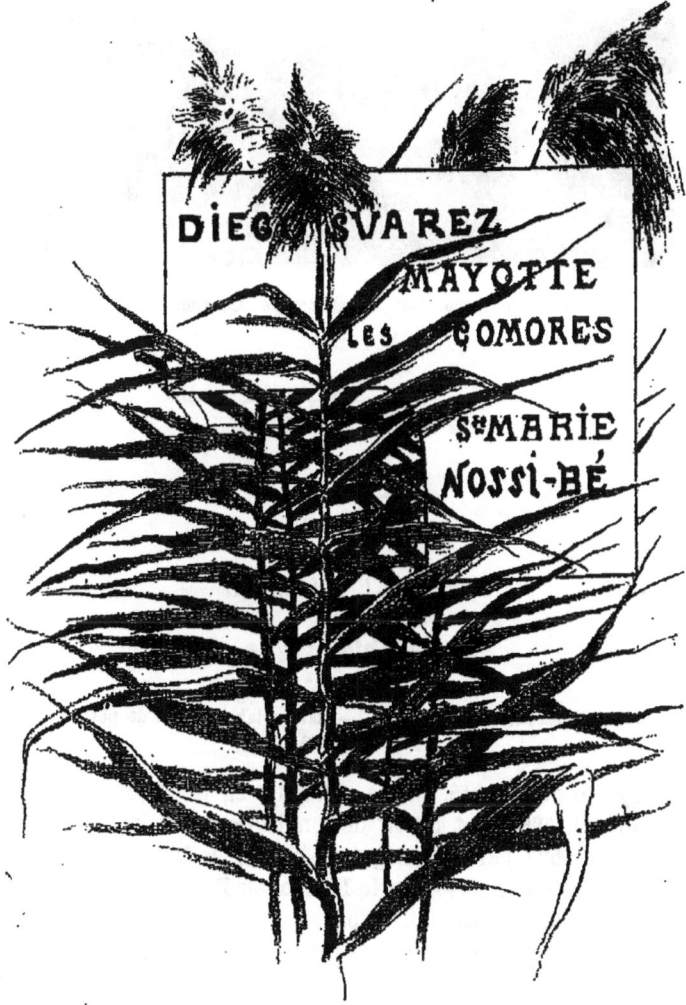

DIEGO SUAREZ
MAYOTTE
LES COMORES
STE MARIE
NOSSI-BÉ

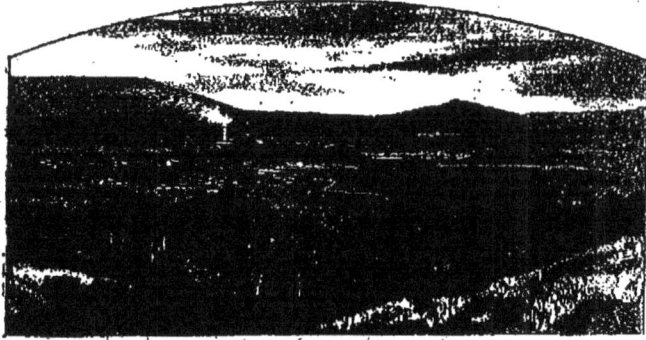

Une usine dans les plaines de Combani.

MAYOTTE

CHAPITRE PREMIER

Précis historique.

Le sultan de Maouté et Adriansouli. — Ramenetak. — Prise de possession par la France.

Mayotte ou Maoûté, située entre 12° 34' et 12° 12' de latitude sud, 42° 48' et 43° 03' de longitude est, a été découverte en 1527 par le navigateur portugais Diego Ribero ; elle fut visitée en 1599 par le Hollandais Davis qui fut très bien reçu par le sultan de l'île.

En 1607, le capitaine anglais John Saris reçut avis du navire hollandais *Gelderland* que Mayotte avait une rade très commode ; elle n'a toutefois été décrite qu'en 1720 par Hamilton.

Dans ses mémoires, le capitaine Péron parle d'une expé-

dition que le sultan d'Anjouan aurait faite, en 1792, contre
Mayotte pour obtenir le payement d'un tribut ; cependant
jusqu'en 1830 l'histoire de notre possession actuelle est
assez obscure.

Vers cette époque, Radama Ier, roi des Hovas, poursuivant
le cours de ses conquêtes, avait chassé de la côte nord-
ouest de Madagascar, Adriansouli, chef des Sakalaves de
Boeni. Amadi, sultan de Mayotte, alors en guerre avec
ceux de la grande Comore et d'Anjouan, lui offrit de se
réfugier, avec ses sujets, à Mayotte, dont il lui abandon-
nerait une partie de la souveraineté.

Sur ces entrefaites, Amadi fut tué par son frère qui prit
sa place; mais Banacombé, fils d'Amadi, renouvela à Adriansouli les offres de son père en le pressant de les accepter.
Avec le secours des Sakalaves, l'usurpateur fut renversé ;
Adriansouli épousa la fille d'Amadi et une partie de l'île
lui fut assignée en toute propriété.

Bientôt des querelles, entretenues soigneusement par les
Hovas, éclatèrent entre les anciens et les nouveaux habitants de Mayotte, qui en vinrent aux mains. Banacombé,
vaincu, fut chassé de l'île et chercha un refuge auprès de
Ramenetak, à Mohéli. Ce dernier envahit Mayotte et en
chassa à son tour Adriansouli qui, avec le concours du
sultan d'Anjouan, réussit à y revenir ; son autorité toutefois ne fut pas incontestée et il eut fréquemment à réprimer des révoltes.

Telle était la situation, lorsqu'en 1840 le lieutenant de
vaisseau Jehenne, commandant la *Prévoyante*, vint à
Mayotte. Adriansouli, dégoûté du pouvoir, offrit de céder
l'île à la France, moyennant une pension de 5,000 francs
et l'éducation de ses enfants à Bourbon. Frappé des avantages remarquables que présentait ce point, M. Jehenne
transmit la proposition au Gouvernement qui envoya, en
1841, M. Passot, capitaine d'infanterie de marine, pour
étudier la question et, s'il y avait lieu, passer un traité
avec Adriansouli.

En dehors de ce dernier, trois prétendants se disputaient alors, nominalement du moins, la possession de Mayotte : c'étaient Banacombé, l'ancien sultan, Ramenetak, sultan de Mohéli, et Salim, sultan d'Anjouan, frère d'Abdallah.

Banacombé, seul prétendant sérieux, mourut pendant les négociations ; Ramenetak mourut également, léguant la souveraineté de Mohéli à sa fille qui a toujours vécu en bonne intelligence avec les Français. Enfin Salim renonça expressément à tout droit sur Mayotte.

Le traité conclu avec le capitaine Passot fut ratifié par le Gouvernement français le 10 février 1843, et la prise de possession officielle eut lieu le 13 juin de la même année.

La reine de Mohéli.

CHAPITRE II

Description géographique.

Voies de communication. — Ethnographie.

DESCRIPTION GÉOGRAPHIQUE. — Mayotte a une forme allongée dans la direction nord et sud ; sa longueur est de 40 kilomètres et sa largeur varie ; sur certains points, elle est de 8 à 15 kilomètres, mais, dans la partie méridionale, elle n'est que de 4 kilomètres. Une chaîne de montagnes, d'origine volcanique, la traverse dans toute sa longueur ; ses points culminants sont le mont Mavugani (660 mètres), le pic Ouchongi (642 mètres) et le mont M'sapéré (560 mètres). Cette chaîne a plusieurs plateaux avec d'excellents pâturages ; sur les sommets, les arbres sont rares et rabougris, mais les flancs des montagnes sont couverts de forêts contenant des essences de toutes sortes. Vus de la mer, ces mornes, dont les têtes dénudées et rougeâtres émergent d'une couronne à la teinte vert-sombre, produisent un effet très pittoresque.

Un grand nombre de ruisseaux, qui deviennent souvent des torrents, descendent des hauteurs en formant des aiguades qui n'assèchent jamais et entretiennent une très grande fertilité.

Divers contreforts divergent d'un certain nombre de points de la chaîne centrale et s'abaissent brusquement; par suite, les bords de l'île sont hérissés de caps et hachés de ravines profondes où la mer pénètre quelquefois assez loin et forme des marais dont le voisinage est dangereux pour les Européens.

Le cap Douamouni forme l'extrémité septentrionale de l'île ; en descendant vers l'est, on trouve la baie Longoni, la pointe Choa, la pointe Amoro, les anses Bandéli, Miambani et Lapani. En remontant à l'ouest, les caps Boéni et Noumouéli enserrent la baie Boéni, une des plus profondes et des plus sûres de l'île, et qui, par la fertilité de ses bords, pourrait devenir le siège d'un établissement impor-

MAYOTTE. — Source de la Convalescence.

tant. Dans son voisinage s'élevait jadis l'ancienne capitale de l'île, Chingouni, aujourd'hui complètement abandonnée. Enfin remontant toujours vers le nord, on rencontre la baie Soulou et les caps Acua et Mohila.

L'île est presque entièrement entourée de récifs coralligènes, ayant plusieurs ouvertures qui, bien qu'étroites, suffisent néanmoins pour le passage des plus grands bâtiments. Cette chaîne d'écueils, dont les sommets découvrent à marée basse, est à une distance de la côte variant entre 4 et 11 kilomètres ; elle laisse, entre elle et la plage, un vaste chenal présentant un abri sûr contre les vents du large, et constituant presque partout d'excellents mouillages. La rade de Dzaoudzi, notamment, en présente deux, situés l'un au nord, l'autre au sud de l'îlot de ce nom, où les navires sont, en toute saison, à l'abri du vent. Deux passes principales y conduisent : l'une au sud, la passe Bandéli qui est la plus accessible ; l'autre au nord, celle de Zambourou.

Sur la ceinture même des récifs et dans le bassin qu'ils forment avec l'île principale, sont plusieurs petites îles : à l'est, Andréma, île blanche, Dzaoudzi, où est le siège du gouvernement, Pamanzi, reliée à la précédente par une sorte de jetée, moitié naturelle, moitié artificielle ; Bouzi, très élevée et boisée jusqu'à son sommet, et Ajangua. Au sud est l'îlot Bouni ; dans le nord-ouest, les îles Choazil et Zambourou, escarpées et absolument dépourvues de végétation.

La superficie totale de Mayotte et des îlots est de 37,000 hectares ; celle de Mayotte seule est de 35,000 hectares. La grande île, dépourvue de canaux et rivières navigables, a quelques routes d'un développement total de 80 kilomètres environ ; ce sont les routes qui relient 1° Koeni à Ajangua en passant par Mamoutzou, M'sapéré, Passamenti et Debeney ; 2° Passamenti à Combani ; 3° Debeney à Kokoni et Combani ; 4° Combani à Dzoumogné en passant par Soulou ; 5° Dzaoudzi à Pamanzi. Une route doit relier entre elles les deux propriétés de Kangani et de Longoni ; une autre, partant de Koëni, ira à Dzoumogné en passant par Kangani et Longoni ; enfin d'autres voies sont à l'état de projet et seront exécutées au fur et mesure que les ressources budgétaires le permettront.

POPULATION. — La population de Mayotte qui, au moment de la prise de possession en 1843, n'était que de 3,500 habitants environ, s'élève aujourd'hui à plus de 10,000 (recensement de 1887 : 10,551 habitants).

Elle se décompose ainsi : population indigène, 6,200 ;

nés dans les autres colonies françaises, 170 ; nés en France 38 ; nés à l'étranger, 4,090.

La population indigène comprend des Malgaches, des Africains, quelques Indiens et des Arabes qui forment le groupe de beaucoup le plus nombreux. Parmi les étrangers figurent les travailleurs immigrants engagés.

Depuis dix ans la population blanche ne compte à Mayotte qu'un très petit nombre de représentants, et ce nombre tend plutôt à décroître qu'à augmenter.

L'instruction des indigènes est encore très arriérée ; en 1887, 9,768 habitants de tous âges ne savaient pas lire et 819 savaient lire seulement.

Au point de vue religieux, la population totale se répartit en 457 catholiques, 7,546 musulmans et 2,549 sans religion déterminée.

CHAPITRE III

Administration.

Villes principales. — Moyens de communication.

On a récemment élevé au rang de gouverneur le chef de l'administration de Mayotte, qui, auparavant, portait le titre de commandant particulier. Il est assisté d'un conseil d'administration composé des chefs de service, directeur de l'intérieur, juge-président, chef du service de santé, etc.

La colonie est représentée par un délégué au conseil supérieur des colonies.

Dzaoudzi, siège du gouvernement, est l'ancienne capitale d'Adriansouli. Sa fondation remonte à une date, sans doute fort ancienne, mais qu'il est impossible de déterminer d'une façon précise. Elle a été choisie comme centre des divers services, à cause de sa salubrité relative, de sa rade qui est excellente, quelle que soit la mousson, et aussi à cause des facilités de défense que présente le rocher sur lequel elle est bâtie.

La superficie de l'îlot est de 7 hectares; on y a construit une habitation pour le gouverneur, un hôpital, une caserne et des écoles. Du reste, Dzaoudzi, où une chaloupe doit apporter de l'eau deux fois par jour, n'est guère habitée que par des fonctionnaires et des soldats. Elle est défendue par une centaine d'hommes de l'infanterie et de l'artillerie de marine. Quelques travaux de défense ont été commencés en 1847, mais abandonnés depuis. « Il y aurait lieu de les reprendre; ils seraient peu coûteux,

car la nature a fait là tout ce qu'on peut désirer de
mieux » (Général Thory.)

A peu de distance de Dzaoudzi est l'île Pamanzi, reliée
par une chaussée. Dans sa partie sud sont d'excellents
pâturages, mais la partie nord est montagneuse et dépourvue de végétation. Le lac Zéann, situé près de l'extrémité
septentrionale de Pamanzi, est un ancien cratère; son eau,
qui est salée, suit les mouvements de la mer ; les bords,

Village de Combani.

taillés à pic, sont tapissés d'herbes marines et habités
par de nombreux canards sauvages.

; En face de Dzaoudzi, sur la grande île, se trouve la ville
de Mamoutzou, de fondation récente, et où l'on s'était
proposé de transporter l'administration ; l'insalubrité des
plages marécageuses des alentours a fait renoncer à ce
projet en 1881, les travaux commencés sont restés ina-
chevés, et le chef-lieu a été définitivement maintenu à
Dzaoudzi.

M'Sapéré est la ville la plus importante de la colonie ;
c'est, on peut le dire, le chef-lieu commercial de Mayotte.
Là sont établis tous les commerçants indiens qui approvisionnent la population indigène ; elle compte 900 habitants. On n'y voyait autrefois que de mauvaises cases en

nattes, mais depuis quelques années, à la suite d'incendies qui menaçaient d'anéantir tout, les Indiens se décidèrent à faire construire des maisons en maçonnerie, et la rue principale est aujourd'hui bordée de constructions en pierre.

En tant que centre commercial, M'Sapéré ne date que de la prise de possession ; elle est appelée à prendre une grande importance.

Au sommet du mont M'Sapéré, à Magi-M'Bini, est une maison de convalescence très bien aménagée.

Passamenti est aussi un village assez considérable; il se compose d'un assez grand nombre de cases disposées, avec un certain ordre, le long de la route qui va à M'Sapéré; derrière cette première rangée, les autres cases forment un chaos inextricable et sont séparées les unes des autres par des tas d'immondices de toutes sortes.

M. Capitaine a décrit une fête religieuse à laquelle il a assisté dans ce village : « Dans une cour intérieure, exposée à un soleil brûlant et entourée d'une véranda où se trouvaient quelques bancs de bois grossièrement faits, étaient étendues, sur un large divan, plusieurs danseuses aussi laides que peu vêtues. Dans un coin, un orchestre composé d'un flageolet, de trois énormes tam-tams et d'un gigantesque gong, sur lequel un nègre vigoureux frappait à coups redoublés, modulait des airs discordants. Une des femmes commença une danse effrénée ayant quelque analogie avec celle des derviches tourneurs. Au bout d'un quart d'heure, elle tomba épuisée et on l'emporta après lui avoir versé un seau d'eau sur la tête. L'interprète arabe nous expliqua que ces femmes étaient possédées du démon qui ne lâchait sa proie que lorsqu'elle tombait en convulsions. Toutes les autres femmes en firent autant. »

Chingouni, l'ancienne capitale, ne compte plus que 200 habitants et tend à décroître de plus en plus.

CHAPITRE IV

Économie politique et sociale.

Productions du sol. — Cultures. — Commerce. — Main-d'œuvre.
Colonisation. — Climatologie. — Transport et fret.

PRODUCTIONS DU SOL. — CULTURES. — Mayotte est assez riche en essences forestières ; on y trouve tous les arbres des contrées tropicales, et beaucoup d'entre eux peuvent servir aux constructions maritimes. La partie de l'île la plus boisée est aux alentours de la baie Boeni, mais les plus beaux arbres sont sur les contreforts du pic Ouchongui ; il y a là, à proximité de la baie Lapani, une forêt exploitée depuis longtemps par les indigènes pour la confection de leurs pirogues.(Capitaine). En 1872, 5,878 hectares de la grande île étaient couverts de forêts ; en 1887, ce chiffre n'était plus que de 5,108 ; les terrains occupés par des cocotiers avaient également diminué d'une soixantaine d'hectares.

La principale culture, on peut même dire la seule culture industrielle de Mayotte, est celle de la canne à sucre. Pendant de longues années, elle a donné des résultats magnifiques, mais, comme dans tous les pays à canne, elle est devenue depuis quelque temps beaucoup moins productive. La surface du sol plantée en cannes était, en 1882, de 1,780 hectares ; en 1887, elle n'était plus que de 1,714 hectares. Il y a, dans toute la colonie, 12 usines à sucre et 4 distilleries de rhum ; les premières fabriquent environ 3 millions de kilogrammes de sucre, et les distilleries produisent de 80,000 à 90,000 litres de rhum.

Les plantations de café ont également subi une diminution ; après avoir été de 48 hectares en 1877, elles n'étaient plus que de 12 hectares, dix ans plus tard. La maladie qui a sévi sur les caféiers de Nossi-Bé, n'a pas épargné Mayotte. Par contre, les cultures des arbres fruitiers, des cotonniers, du maïs, du manioc, du riz, des vanilliers, et les prairies sont en progression; 67 hectares sont couverts de cacaoyers à l'état sauvage.

L'aliénation des terres domaniales à Mayotte a lieu par ventes à prix fixe et par ventes aux enchères publiques. Les ventes sont affranchies de toutes charges relatives à la mise en valeur du sol, et les terrains concédés sont exemptés de toute contribution foncière pendant quatre années à partir de l'entrée en possession; le prix en est immédiatement exigible.

Depuis quelques années, les terrains ruraux sont généralement concédés à raison de 40 francs l'hectare ; le prix des terrains urbains varie entre 0 fr. 25 et 1 fr. 50 le mètre carré, suivant les localités.

Toutes les grandes concessions rurales appartiennent à des Français, et une seule dépasse une superficie de 2,000 hectares. Les indigènes n'ont, en général, que des propriétés de petite étendue, et se livrent surtout à des cultures vivrières.

Les ventes entre particuliers sont rares. En ce qui concerne les grandes propriétés, il est difficile de trouver un acquéreur pour un domaine d'une certaine étendue, et en ce qui concerne les petites propriétés, les indigènes préfèrent acheter de l'administration des terrains neufs, exempts d'impôts pendant quatre années.

En dehors des propriétés régulièrement vendues, il a été réservé, conformément au traité de cession de l'île de Mayotte à la France, aux environs des villages, des terrains mis à la disposition des habitants pour leurs cultures ; le droit de location est de 5 francs par hectare.

Il reste encore à Mayotte, en y comprenant l'île Pamanzi, environ 17,000 hectares de terres à concéder.

COMMERCE. — Le commerce d'importation dans la

colonie s'est élevé, en 1887, à un total de 1,130,000 francs, dont 87,000 francs d'articles venant de France et 69,000 francs d'objets des colonies françaises.

Les principaux articles importés sont les animaux, 66,000 francs; les tissus, 324,000 francs dont 9,750 francs seulement de France; le riz, 190,000 francs; les fruits et graines, 33,000 francs; les vins, 10,513 francs et les spiritueux, 13,417 francs; enfin les marchandises diverses, 258,000 francs dont 1,600 francs de France.

Pendant la même année 1887, l'exportation s'est élevée à 1,695,000 francs, supérieure de 565,000 francs à l'importation. Sur ce total, la France a reçu pour 1,060,000 francs de marchandises. Les principaux articles exportés sont : le sucre, 1,140,000 francs; le rhum, 18,000 francs et la vanille, 65,000.

Ce commerce général a donné lieu à un mouvement de la navigation qui se décompose ainsi qu'il suit : entrés, 175 navires d'un tonnage de 43,000 tonneaux, dont la moitié sous pavillon français; sortis, 192 navires d'un tonnage de 45,000 tonneaux.

L'activité commerciale de Mayotte tend à se ralentir; notre colonie, comme tous les pays à production sucrière, subit une crise dont les causes sont multiples. Nous ne croyons pas inutile de transcrire ici l'opinion émise par un savant économiste, M. Léopold Botet, sur cette île : « Aucune colonie n'est mieux placée que Mayotte pour devenir, en peu d'années, le centre d'un commerce considérable; située au milieu du canal de Mozambique, à mi-distance de Madagascar et du littoral africain, elle est à peu près la seule escale de tous les caboteurs arabes et antanaots, qui font la navigation de Madagascar et de la côte d'Afrique. Qu'elle soit approvisionnée des objets demandés par les populations malgaches et africaines, et la force des choses fera de Mayotte l'entrepôt obligé de toutes ces populations qui viendront y échanger les productions de leur pays contre nos produits européens. »

Main-d'œuvre. — La population autochtone, qui compte cependant 6,000 âmes environ, ne fournit qu'un petit nombre de travailleurs. Pendant la coupe, on trouve bien, il est vrai, quelques centaines de journaliers qui s'emploient à la tâche sur les propriétés à raison de 0,50 par charretée de cannes, mais très peu consentent à s'astreindre à un travail régulier et suivi. Depuis une dizaine d'années, il n'y a eu que 259 engagements. Ces engagés reçoivent, outre le logement, la nourriture et les soins médicaux, un salaire qui varie entre 12,50 et 20 francs par mois.

Il est difficile de comparer le travail de l'indigène à celui de l'Européen; au point de vue des terrassements, le premier est environ le tiers du second.

Sans besoins, les indigènes se contentent du peu qu'ils peuvent récolter sur les terres du domaine mises à leur disposition depuis la prise de possession de l'île. L'immigration est donc pour Mayotte une question vitale. Lorsqu'en 1860 l'immigration africaine fut interdite, le Gouvernement autorisa la colonie à recruter dans les Comores les travailleurs qui lui étaient nécessaires.

Pendant longtemps ces ressources furent suffisantes, mais lorsque l'industrie se fut considérablement développée, il fallut chercher ailleurs. Des négociations furent entamées avec le Gouvernement portugais à l'effet d'obtenir pour Mayotte et Nossi-Bé l'autorisation d'aller, comme le faisaient les Anglais pour leur colonie de Natal, recruter à Mozambique les travailleurs dont ils avaient besoin. Ces négociations ont abouti en 1881; une ordonnance du roi de Portugal et un règlement d'exécution ont déterminé dans quelles conditions peuvent être effectuées les opérations de recrutement qui sont entourées de toutes les garanties propres à en assurer la régularité, et se font à Mozambique, sous la surveillance d'un agent du Gouvernement français, avec le contrôle, à Mayotte, d'un consul portugais.

USINE A SUCRE DE M. DE FAYMOREAU, DANS LES PLAINES DE COMBANI.

COLONISATION. — Les tentatives faites jusqu'à présent ont subi des fortunes diverses, mais l'immigration est toujours pour la colonie d'une nécessité absolue.

La condition des immigrants à Mayotte est très bonne. Ils vivent dans une aisance beaucoup plus grande que les indigènes. Ils ont la faculté d'élever des animaux et de faire du jardinage dont les produits augmentent leurs salaires. Sur certaines habitations, les propriétaires mettent à leur disposition de grandes étendues de terrains qu'ils cultivent en riz. Une fois habitués à ce bien-être dont ils étaient privés dans leur pays, ils ont le désir de rester à Mayotte où ils introduisent un élément vigoureux et travailleur.

La colonie ne peut offrir à l'immigration européenne qu'un champ très limité; l'Européen ne peut s'y livrer lui-même à des travaux de culture, et il doit se borner à les surveiller ou à exercer des industries sédentaires à l'abri du soleil. La France étant loin, les propriétaires préfèrent recruter à la Réunion des employés et des ouvriers déjà acclimatés aux pays intertropicaux et familiarisés avec tout ce qui concerne la culture de la canne et les machines des usines à sucre.

La petite industrie (menuiserie, charpentage, etc.) est exercée, en dehors des établissements industriels, par des ouvriers indigènes qui suffisent amplement aux besoins du pays.

CLIMATOLOGIE. — Mayotte étant située dans la zone des vents réguliers, les ouragans y sont inconnus. La saison sèche, qui correspond à la mousson de sud-est, dure d'avril à octobre; la température moyenne est alors de 27 degrés centigrades, avec un maximum de 32 degrés, et un minimum de 24 degrés. La saison des pluies, d'octobre ou novembre à avril ou mai, correspond à la mousson de nord-est; la température s'élève jusqu'à 34 degrés centigrades et ne descend pas au-dessous de 26 degrés.

Pendant toute l'année, le baromètre oscille entre 759ᵐ/ᵐ

et 769 m/m. Les écarts n'ont lieu qu'au moment des grains
pendant l'hivernage. La quantité d'eau tombée pendant
l'année 1887 a été de 1 m. 639, dont 1 m. 557 pendant la
saison pluvieuse.

La salubrité de Mayotte a été l'objet d'appréciations
fort diverses ; elle varie, du reste, considérablement selon
les localités ; en outre, les premiers travaux entrepris
dans des terres vierges, ou laissées très longtemps en

MAYOTTE. — Une équipe de femmes maçons.

repos, sont, dans tous les pays, accompagnés de maladies
graves ; à plus forte raison en est-il ainsi sous des climats chauds et humides, où le sol n'est qu'une couche
épaisse de matières organiques décomposées. Enfin dans
le cas particulier de Mayotte comme à Madagascar, le
voisinage des marais est particulièrement dangereux, surtout pour les Européens.

La fièvre paludéenne est la maladie dominante, mais de
toutes ses manifestations la fièvre intermittente simple est
la plus fréquente ; elle ne se complique d'embarras gas-
trique qu'au deuxième ou troisième accès, et ne revêt
que dans un petit nombre de cas les formes graves per-
nicieuses.

Les maladies du foie ne s'observent que rarement. Quant à la fièvre jaune et au choléra, ces deux maladies n'ont jamais fait d'apparition dans la colonie. En 11 années, de 1877 à 1887 inclusivement, il y a eu, à l'hôpital de Mayotte, 15 décès, dont 8 occasionnés par la dysenterie et 7 par les fièvres.

A Mayotte, avec une bonne hygiène, une vie sobre et réglée, de la force morale, on peut vivre de longues années; toutefois il est bon, lorsque les premiers symptômes d'anémie se produisent, d'aller se retremper dans un climat moins chaud.

MOYENS DE COMMUNICATION. — Les moyens réguliers de transport manquent dans la colonie, qui n'a ni canaux ni rivières navigables. Une embarcation du port effectue gratuitement un service journalier entre Dzaoudzi et Mamoutzou, où se trouvent le tribunal, l'enregistrement et le bureau de l'immigration.

Depuis peu de temps, Mayotte est reliée directement à la France par un service régulier de la Compagnie des Messageries maritimes; le paquebot quitte Marseille le 12 de chaque mois et arrive à Mayotte le 3 du mois suivant, après avoir touché à Port-Saïd, Suez, Obock, Aden et Zanzibar.

Revenant de Maurice, la Réunion, la côte de Madagascar et Nossi-Bé, le paquebot repart de Mayotte, vers le dernier jour de chaque mois, pour Marseille où il arrive vingt-deux jours après.

Les prix de passage, nourriture comprise, sont: 1re classe, 1,800 fr.; 2e classe, 830 fr.; 3e classe, 415 fr.

Le prix du fret, de Marseille à Mayotte, est de 55 francs par mètre cube ou par 1,000 kilogrammes, au choix de la Compagnie. Pour l'Atlantique, des voiliers chargent à 40 francs la tonne.

MORONI, — Vue générale.

LES COMORES

Précis historique.
Description géographique.

Climatologie. — Ethnographie. — Productions et cultures.

L'archipel des Comores est situé à mi-distance entre Madagascar et le continent de l'Afrique, par 11° 20′ et 13° 5′ de latitude sud, 40° 50′ et 43° 10′ de longitude est; il en est séparé par des abîmes océaniens ayant une profondeur d'un millier de mètres. Il se compose de quatre îles et de quelques îlots formant satellites autour d'elles; l'ensemble, dirigé du sud-est au nord-ouest, forme une chaîne d'environ 245 kilomètres de longueur, que les éruptions volcaniques ont fait surgir du fond de la mer.

HISTORIQUE. — Les Comores n'appartiennent ni à Madagascar, ni à l'Afrique; elles constituent un groupe à part, ayant une certaine originalité dans sa flore et dans sa faune.

De tout temps les Comores ont été connues par les Arabes; du x⁰ au xiii⁰ siècle, leurs géographes en parlent sous le nom de Komr, également appliqué à Madagascar; Staniland Wake rattache ce nom à celui de Khmer de l'Indo-Chine.

D'après une tradition locale, une colonie d'Arabes, sectateurs d'Ali, serait venue se fixer aux Comores sous la conduite d'un prince de l'Yemen qui, après avoir soutenu plusieurs guerres, aurait été vaincu et obligé de prendre la fuite avec sa famille et une partie de ses sujets. Presque tous les vaisseaux furent dispersés par une tempête et trois bâtiments seulement purent se sauver. Le chef se fixa à Anjouan avec sa famille; ses sujets s'établirent à Maouté (Mayotte), Moheli et Comore, qui du reste ont toujours reconnu la suprématie d'Anjouan.

Les Persans de Chiraz qui trafiquaient avec la côte d'Afrique, à Magdochou et Kiloa, débarquèrent aussi aux Comores. Dans les premiers temps de l'expansion portugaise, la grande Comore fut visitée par des marins de Lisbonne, mais les colons proprement dits, des fugitifs pour la plupart, vinrent de Madagascar et de la côte africaine; ils formèrent avec ceux de l'Arabie une race croisée offrant toutes les transitions du Sémite presque pur au Malgache et au Bantou. Le trafic a également attiré quelques Banyan de Bombay.

Sauf Mayotte, véritable colonie française depuis 1843, les Comores ont été mises, en 1886, sous le protectorat de la France qui y entretient des résidents. Presque tous musulmans, les Comoriens n'entreront que lentement dans le courant de la civilisation européenne.

DESCRIPTION GÉOGRAPHIQUE. — Quoique d'une faible étendue, l'archipel a une grande importance stratégique par sa position au milieu du canal de Mozambique et sur le flanc de Madagascar.

La superficie totale des îles est de 2,067 kilomètres carrés, et leur population, présumée ou recensée en 1887, s'élevait à 47,000 habitants.

La poussée volcanique qui a fait surgir cet archipel, a été plus forte dans la partie septentrionale; tandis qu'à Mayotte, située dans le sud-est, les mornes les plus élevés ne dépassent guère 600 mètres, les sommets d'Anjouan, qui occupe le milieu de l'archipel, atteignent 1,576 mètres, et dans l'île du nord-ouest, la grande Comore, le volcan actif

MORONI. — La grande mosquée.

Caratala ou Kartal, appelé aussi Djoungou dja Dsaha, la « Marmite de feu », se dresse à 2,050 mètres d'altitude. Cette montagne imposante, avec ses escarpements noirâtres dominant les flots bleus et sa guirlande étroite de cocotiers, présente un des tableaux grandioses de l'océan Indien. Parfois une colonne de fumée s'élève du cratère, abîme de 150 mètres de profondeur et de 2 kilomètres de tour; en 1858, des laves s'épanchèrent, en abondance, des flancs occidentaux du Kartal, entourant, comme un îlot, un village perché sur une ancienne coulée.

Plusieurs autres monts, cônes parfaits ou irréguliers, sont aussi d'un très grand aspect, et se terminent en promontoires de prismes basaltiques.

Les Comores ont également des formations non volcaniques. Certaines plages, dont le sable est de la lave déli-
tée, mêlée de fer, sont d'un noir brillant, et contrastent
par leur couleur avec les récifs de coraux d'une blancheur
éclatante. Ces massifs coralligènes, à la grande Comore, à
Mohéli et sur les côtes d'Anjouan, tiennent au rivage, et
ne s'étendent pas au loin; à Mayotte, au contraire, ils
forment une ceinture ayant quelques brèches par lesquelles les navires peuvent entrer.

Des couches de sable et de coquillages modernes, complètement semblables à celles que maçonne actuellement
le flot, se voient à une certaine hauteur au-dessus du niveau
marin; il y a donc eu soulèvement du sol dans ces parages
(A. Gevrey).

CLIMATOLOGIE. — L'étendue des îles n'est pas assez
grande pour pouvoir modifier le régime des courants
atmosphériques; les saisons y sont donc mieux réglées
qu'à Madagascar, et sont soumises à des variations régulières déterminées par les changements de moussons.

La saison sèche se maintient sans changements de mai
en octobre; pendant cette période, beaucoup d'arbres
perdent leurs feuilles, et la température est en moyenne
de 25 degrés centigrades, avec un maximum de 29 degrés
et un minimum de 18 degrés. Les vents soufflent alors du
sud-est; ce sont les alizés de l'hémisphère austral; toutefois ils varient journellement, avec le mouvement du soleil, vers le sud-ouest.

L'hivernage, saison de la chaleur et des pluies, commence en octobre; la température moyenne est de 29°5;
elle s'élève jusqu'à 35 degrés centigrades, et descend à un
minimum de 25 degrés. Les vents du nord-ouest dominent
dans l'archipel, et les pluies tombent en abondance; elles
atteignent jusqu'à 3 mètres d'eau, et même davantage sur
les flancs des montagnes.

Parfois les vents opposés se heurtent ou se neutralisent
en calmes; tantôt ils tournoient en cyclones, mais ces ou-

ragans n'ont jamais la violence de ceux de Maurice et de la Réunion.

Pendant l'hivernage, les orages sont presque journaliers, et les vents de l'ouest au nord amènent parfois de la grêle.

FLORE. — La grande Comore, malgré l'énorme quantité de pluie qui y tombe pendant une partie de l'année, n'a pas un seul ruisseau permanent; le sol, composé de

GRANDE COMORE. — Festin pour la réception d'un Européen.

cendres et de scories volcaniques, absorbe toute l'eau; les autres îles ont de petits cours d'eau.

Le sol des Comores est d'une extrême fertilité; les grands arbres y poussent admirablement; avant d'être habitées, ces îles ont dû, pour ainsi dire, ne former qu'une forêt; aujourd'hui, un sixième seulement de leur superficie est recouvert de bois. Quelques espèces paraissent d'origine locale, mais la plupart des plantes ont été importées, soit par l'homme, soit par les courants maritimes. De nombreux végétaux sont venus de Madagascar par cette voie. Pendant la mousson du sud-est, un contre-courant, local et superficiel, fait parfois refluer les eaux qui se portent ordinairement vers le sud, et c'est ainsi que des semences, appartenant à la flore malgache, ont été apportées aux Comores.

Parmi les arbres des forêts et des halliers, il faut citer les ficus, les cocotiers, les aréquiers, les fougères arborescentes, les manguiers, etc. L'orseille est très abondante.

FAUNE. — La faune des Comores n'est pas riche et elle indique bien Madagascar comme lieu d'origine. La plupart des espèces sont identiques dans les Comores et dans la grande terre, ou, du moins, appartiennent aux mêmes genres. On n'y trouve qu'un lémurien, une espèce de hérisson et une musaraigne. Les chauves-souris sont nombreuses; leur espèce se rencontre dans l'orient jusqu'en Australie, mais elle manque en Afrique.

Parmi les oiseaux, les principaux à signaler sont : un petit faucon « schimpanga », un « milan parasite » (Hartmann), des colibris aux couleurs variées, des gobe-mouches, des tourterelles, et une espèce de perroquet noir qui se rattache à une forme de la Malaisie (Milne-Edwards). Dans les parties désertes de l'île d'Anjouan sont des poules huppées.

Il y a en outre des tortues, des caméléons, des lézards, des serpents, dont une espèce est venimeuse, des grenouilles, etc.

Le monde des insectes est peu connu, mais il paraît avoir des sujets très intéressants.

Les côtes sont animées par des hérons, des chevaliers, des albatros, des pélicans, des frégates, des fous, etc., et partout la mer est riche en coquillages ainsi qu'en poissons aux couleurs éclatantes.

POPULATION. — Presque tous les habitants des Comores sont de grande taille, ont le teint jaunâtre, les lèvres épaisses mais non bouffies, le front haut mais étroit; les cheveux seraient crépus, s'ils n'étaient d'ordinaire

rasés à la musulmane. Les femmes ont les dents noircies
par l'usage du bétel; plusieurs se tatouent, et portent
une fleurette ou un bouton de métal à la narine, suivant
la mode hindoue.

A Mayotte, l'élément malgache a dominé et les habitants
sont plus noirs; dans les autres îles, le type sémitique
apparaît davantage.

Dans la grande Comore, les habitants sont d'une taille et
d'une musculature exceptionnelles; les voyageurs parlent
avec admiration de ces hommes qui, majestueux et paci-
fiques, cheminent gravement sur les rochers, en s'appuyant
sur de longues cannes. Les animaux aussi sont plus forts
que ceux des autres îles (A. Gevrey).

Dans cette île, les maladies sont rares et l'éléphantiasis
y est inconnue, de même que les plaies si fréquentes chez
les Africains du continent et des îles. Cette situation particulière s'explique par une bonne hygiène, et surtout
par la salubrité du sol, fréquemment arrosé, mais toujours
sec.

Forts, actifs, très sobres, d'une grande propreté, et se
récréant fréquemment par la musique, les Comorois, à
l'encontre des habitants des autres îles, ne se marient
point dans l'extrême jeunesse; la moyenne des épousailles
est de vingt-sept ans pour les hommes, de vingt ans pour
les femmes (Otto Kersten). Le costume ordinaire est
celui des Malgaches; mais dans quelques familles s'est
conservé l'usage d'un masque carré qui s'ouvre à la hauteur des yeux.

Les Antalotch et la classe dominante des Mahori (Mau-
res), appartenant également à la race croisée, sont maho-
métans, et tâchent de se rapprocher des Arabes, « leurs
initiateurs et leurs maîtres ». Les esclaves « cafres » appartiennent à toutes les peuplades de la côte orientale
d'Afrique; ils ont concilié le culte des fétiches avec la
fréquentation de la mosquée.

Tous ces peuples sont gouvernés par des sultans, et on

peut dire que chaque ville a le sien. Les actes solennels
sont rédigés en arabe, mais la langue usuelle, qui contient
quelques mots malgaches importés par les Sakalaves et les
Betsimisarakes, s'écrit aussi en caractères arabes et elle
est une variété du souaheli de Zanzibar (Élisée Reclus).
Les Cafres ont dû adopter la langue de leurs maîtres, non
sans y ajouter un grand nombre de mots, le dixième environ du vocabulaire, d'après Casalis.

Près de la moitié des Comoriens sont des noirs asservis,
quoique les sultans se soient engagés à libérer leurs
esclaves.

Naguère, la principale industrie des marins de l'archipel
était la traite des nègres; leurs boutres sont employés
maintenant au transport des vivres et des marchandises
entre Madagascar et les terres voisines.

ANJOUAN. — N'souani ou « île de la main » est la plus
fertile des Comores. Sa superficie est de 378 kilomètres
carrés, et sa population est de 12,000 habitants. Un grand
nombre de ruisseaux, très poissonneux, y entretiennent
une riche végétation.

Les planteurs étrangers ont introduit la culture de la
canne à sucre qui a parfaitement réussi et donne au
sultan de l'île une part considérable de ses revenus.

Pendant longtemps, Anjouan a été un point de relâche
entre le cap de Bonne-Espérance et les Indes, et le trafic
était relativement considérable. Les Anglais y ont établi
un dépôt de vivres et de charbon pour leurs croisières
contre la traite.

C'est à Anjouan que furent déportés, en 1801, à la suite
du complot dit de « la machine infernale », Rossignol et
plusieurs de ses compagnons; ils moururent tous en peu
de temps.

En 1816, le sultan d'Anjouan fit demander au gouverneur
de l'île Bourbon de le protéger contre les incursions des
Malgaches. Le ministre de la marine, consulté à cet égard,
refusa tout concours, et chaque année, à époques presque

périodiques, la malheureuse île fut livrée aux rédations de ses voisins. Constamment pillés, les Anjouannais abandonnèrent peu à peu la culture et tombèrent dans l'apathie, conséquence fréquente du fatalisme mahométan.

La capitale, Mosamoudou ou, plus souvent, Anjouan, est située dans le nord-ouest de l'île ; entourée de murailles à tours carrées et à poternes étroites, elle contient un grand nombre de maisons en pierre. Dans la citadelle en ruine, on voit encore deux pièces de campagne, en bronze, données par le premier consul.

Mohéli ou Moali est la plus petite et la moins peuplée des Comores ; sa superficie n'est que de 231 kilomètres carrés et sa population de 6,000 habitants. C'est pourtant elle qui fournit le plus de travailleurs aux plantations de Mayotte.

Ayant des montagnes moins hautes que celles

Femme légitime de Saïd-Ali.

d'Anjouan, parfaitement arrosée par des eaux trop riches en magnésie, Mohéli est très fertile ; les palmiers, les caféiers, la canne à sucre, les girofliers et les vanilliers y sont très prospères. Les principaux domaines appartiennent à des propriétaires anglais, et même la résidence du sultan est enclavée dans une de leurs plantations.

La capitale, Fomboni, construite à environ trois kilomètres de la côte orientale, est entourée de murailles ; quoique ses rues soient des plus étroites, — quatre hommes ne peuvent y passer de front, — elle a un aspect plus propre et elle est mieux entretenue que les autres villes comoriennes.

C'est à Mohéli que se réfugia tout d'abord Ramenetak, le neveu de Radama Ier (voir le précis historique de Madagascar). Pendant la guerre qu'il soutint en faveur de Banacombé, sultan dépossédé de Mayotte, il fut attaqué par Abdallah, sultan d'Anjouan ; l'escadrille de ce dernier fut jetée à la côte de Mohéli par un coup de vent, et Abdallah tomba au pouvoir de Ramenetak qui le laissa mourir de faim dans sa prison.

La GRANDE COMORE ou Angazyza est la plus grande et la plus populeuse des îles de l'archipel ; sa superficie est de 1,102 kilomètres carrés et sa population de 20,000 habitants ; cependant elle est celle dont les cultures ont le moins d'importance, et qui prend le moins part au mouvement commercial ; d'ailleurs elle est rarement visitée à cause du manque d'aiguades et de ports. Toutefois elle expédie du bétail à Mayotte, et quoique les ruisseaux disparaissent dans le sol poreux, l'eau souterraine entretient une belle végétation (H. Jouan).

La résidence du sultan est la ville de Moroni ou « Brûlée », au bord d'une crique de la côte occidentale.

MAYOTTE ET LES COMORES

PAR PAUL PELET - 1889 - N° 12

44° Est de Paris (Différence horaire avec Paris : 2h 44m 50s)

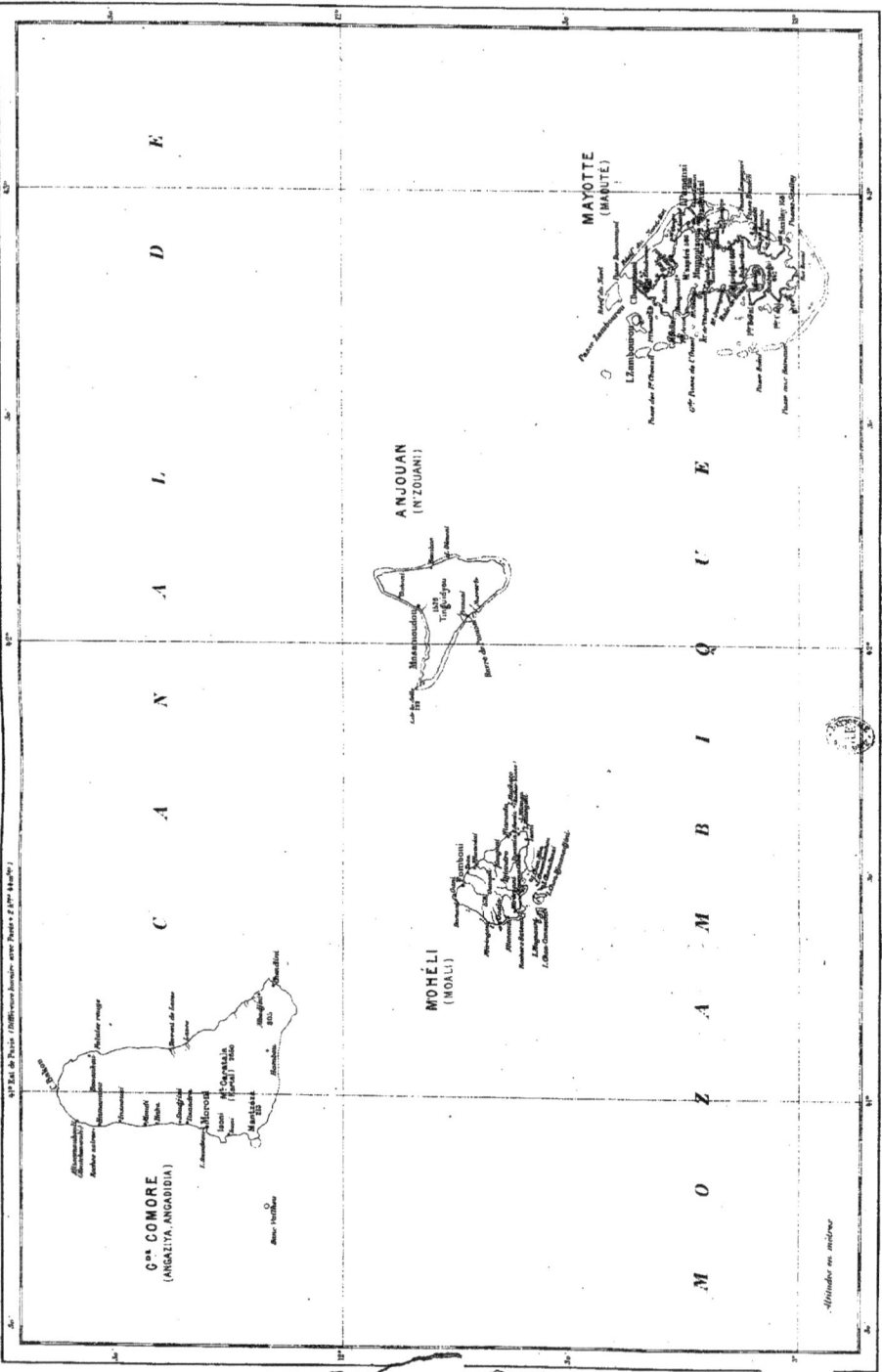

Gde COMORE
(ANGAZIYA, ANGADIDJA)

MOHÉLI
(MOALI)

ANJOUAN
(N'ZOUANI)

MAYOTTE
(MAÛTÉ)

M O Z A M B I Q U E

C A N A L   D E

Altitudes en mètres

Échelle de 1:1 000 000 (1 millim. vaut 1 kil.)

CHAILLAMEL et Cie Éditeurs, 5 rue Jacob, Paris.

Gravé par R. Hausermann - Paris, Imp. Lemercier et Cie

les Colonies Françaises - Maison QUANTIN Éditeur, 7 rue St Benoit, Paris.

NOSSI-BÉ.

NOSSI-BÉ

CHAPITRE PREMIER

Précis historique. — Description géographique. Ethnographie et Population.

Epoque antérieure à 1830. — Cession de l'île par la reine Tsimeco. — Révolte en 1849. — Dernière guerre contre les Hovas. — Chaînes de montagnes. — Cratères. — Rivières et marécages. — Nature et importance de la population.

AVANT 1830. — L'île de Nossi-Bé, « île grande », située près de la côte ouest de Madagascar, à l'ouvert de la grande baie de Passandava, entre les 13° 11′ et 13° 25′ de latitude sud et entre les 45° 53′ et 46° 7′ de longitude est, est possession française depuis 1841.

Par suite de sa position entre les Comores et Madagascar, elle a dû participer au mouvement de navigation qui, depuis les temps les plus reculés, s'est établi entre la côte orientale d'Afrique et la grande terre de Madagascar. On retrouve encore, dans un des villages de Nossi-Bé, des Antalastres « gens d'outre-mer », qui ne sont que des Malgaches croisés de Comoriens et d'Arabes.

Comme pour Mayotte, l'histoire de Nossi-Bé est assez obscure jusque vers 1830. A cette époque, le gouvernement de Louis-Philippe, tout en cessant les hostilités contre les Hovas, reconnaissait la nécessité d'avoir un port de relâche et de ravitaillement dans la mer des Indes ; il songea un moment à Diego-Suarez qu'il fit explorer en 1833 (voir notice sur Diego-Suarez), mais il y renonça, d'abord pour ne pas porter ombrage aux Anglais, et ensuite faute de ressources pour mettre ce point en état de défense.

Toute fâcheuse qu'elle fût cependant, cette situation avait eu une conséquence heureuse : pour utiliser leurs loisirs, nos croiseurs s'imposèrent le devoir d'explorer toute la côte occidentale de Madagascar, entretenant des relations amicales avec la plupart des tribus du littoral, tribus auxquelles les Hovas n'avaient jamais pu parvenir à faire reconnaître leur suprématie.

CESSION DE L'ILE PAR LA REINE TSIMECO. — Au cours de ces explorations, en 1839, le brick *Colibri* vint mouiller à Nossi-Bé ; la reine Tsimeco, chassée de ses États de la côte nord-occidentale de Madagascar par les Hovas, et réfugiée avec la plus grande partie de son peuple à Nossi-Bé, exposa sa triste situation au commandant et lui demanda la protection de la France. Cet officier s'empressa d'en informer le contre-amiral de Hell, gouverneur de l'île Bourbon, homme d'une haute valeur et doué des plus remarquables qualités du marin. Sachant déjà que les Sakalaves, pourchassés par les Hovas, n'attendaient que l'occasion de secouer le joug de leurs vainqueurs, il chargea le capitaine d'infanterie de marine Passot de se rendre sur les lieux, de s'enquérir de la situation et de revenir lui en rendre compte. Le rapport qui lui fut fait ayant été des plus favorables, l'acte de cession fut signé en juillet 1840. Par cette convention la reine. Tsimeco cédait à la France, en toute propriété et à perpétuité, la totalité de ses États.

Le même capitaine Passot, qui avait si bien rempli sa première mission, fut chargé, quelque temps après, à la suite des ouvertures faites au lieutenant de vaisseau Jehenne par Adriansouli, sultan de Mayotte, de négocier la cession de cette dernière île. (Voir volume *Les Comores* et *Mayotte*.)

Notre pavillon ne flotta toutefois sur Nossi-Bé que le 5 mai 1841, jour de la prise de possession officielle.

La reine transporta sa résidence dans une petite baie comprise entre la pointe Mahatinzo et l'anse Passimena; on éleva pour elle une maison en maçonnerie autour de laquelle se groupèrent les cases d'un grand nombre de ses anciens sujets.

RÉVOLTE DE 1849. — En 1849, Nossi-Bé faillit nous échapper; l'abolition de l'esclavage servit de prétexte à une révolte, à main armée, des principaux habitants qui en foule vinrent tenter l'assaut de Hell-Ville. Malgré l'insuffisance des ressources dont disposait le capitaine Marchaise, commandant particulier de la colonie, ils furent repoussés avec de grandes pertes. Depuis lors la tranquillité n'a plus été troublée que par des courses sans importance et sans résultat, faites par les maraudeurs de la côte voisine de Madagascar. Aujourd'hui ces attaques ont complètement cessé. Toutefois, en 1882, à l'instigation de certains missionnaires, les Hovas, déjà maîtres de la côte ouest, tentèrent un coup de main sur Nossi-Mitsio, île dans le nord-nord-est de Nossi-Bé, qui nous appartient; sans la vigilance du commandant français, ils auraient certainement réussi dans leur entreprise.

DERNIÈRE GUERRE CONTRE LES HOVAS. — La France ayant été obligée de recommencer les hostilités contre les Hovas,

Nossi-Bé fut d'une très grande utilité pour nos forces navales. L'amiral Miot, désirant protéger les Sakalaves de la côte nord-occidentale de Madagascar, nos alliés, avait chargé un capitaine d'artillerie de relever sur un des points de cette côte un emplacement favorable à la construction d'un blockhaus, afin que nos protégés pussent se grouper à l'abri de cet ouvrage fortifié, sous le feu même de notre garnison.

Après avoir mûrement étudié la question, il fut décidé que l'endroit le plus propre à l'édification de ce blokhaus se trouvait au fond de la baie de Passandava, à l'ouvert de laquelle est située Nossi-Bé, en un point nommé Ambohemadiro, ancien retranchement hova, brûlé en mai 1883 par l'amiral Pierre. Aussitôt le commandant de Nossi-Bé avisa les chefs sakalaves de cette décision. Ceux-ci promirent de nous aider dans l'exécution de ce projet et nous fournirent leur contingent d'hommes et de matériaux, enfin tout ce dont ils disposaient. Grâce à leur concours dévoué, grâce aussi au zèle de nos marins et de nos soldats, tout cela fut promptement exécuté, et quelques jours après, à 8 heures du matin, le commandant de Nossi-Bé eut la glorieuse satisfaction de voir au bout d'un bambou de 12 mètres de haut, le drapeau de notre patrie, salué par 24 coups de canon, ombrager majestueusement de ses plis, non pas une nouvelle possession, mais un coin de territoire qui nous appartenait en vertu d'une cession légitime (H. Le Chartier et G. Pellerin).

Le 5 décembre 1884, les Sakalaves, ayant à leur tête le roi de Nossi-Mitsio, contribuèrent à la prise de Vohémar.

Depuis le traité de 1885 avec la reine hova, Nossi-Bé, tout en restant comme une sentinelle dans le canal de Mozambique, doit surtout songer au développement de ses ressources naturelles.

DESCRIPTION GÉOGRAPHIQUE. — Placée immédiatement à l'entrée de la baie de Passandava, laquelle est terminée au

nord par la presqu'île d'Ankifi et au sud par celle de Bava-
toubé, l'île de Nossi-Bé est beaucoup plus rapprochée de
la grande terre du côté d'Ankifi : il suffit en effet de quelques heures, même avec une petite embarcation, pour s'y
rendre. L'île de Nossi-Comba, immense cône de 548 mètres
de hauteur, sépare
Nossi-Bé d'Ankifi.

Complètement dis-
tincte du groupe des
Comores, elle n'en
est distante que d'une
soixantaine de lieues.

Un groupe d'îles et
d'îlots, Nossi-Mitsio,
Nossi-Lava, Nossi-Fali,
Nossi-Comba, Nossi-
Vorou, Nossi-Fanihi,
Tani-Keli, Sakatia,
Tendraka, Nossi-
Tanga et Antsouhéri
entourent Nossi-Bé
comme des satellites.

L'île principale a la
forme d'un quadrila-
tère irrégulier, pro-
longé au nord par la
presqu'île Navetzi et
au sud par celle de

Habitants de la grande Comore.

Loucoubé. Sa plus grande longueur, de la pointe d'Am-
pourah à la pointe Loucoubé, est de 22 kilomètres ;
sa plus grande largeur, d'Angouroukaran à Andiamakabou,
est de 15 kilomètres. La superficie totale est de 293 kilomètres carrés.

À la pointe Loucoubé, la terre est découpée par de profondes ravines qui laissent voir sous la couche végétale un
granit à gros grains de quartz, mêlé de larges paillettes de

mica et formé d'un feldspath gris ou légèrement rosé. La presqu'île de Navetzi est constituée par un grès quartzeux très régulièrement stratifié. Dans le reste de l'île, le sol se compose exclusivement de trachytes et de basaltes, alternant avec des conglomérats ou des tufs produits par des éruptions sous-marines et recouverts, en dernier lieu, par des couches arénacées très particulières.

MONTAGNES. — L'île a trois groupes de montagnes parfaitement distincts : ce sont ceux du Centre, de Navetzi et de Loucoubé.

Le premier a pour point culminant Tannilatsaka, « terre tombée » dont l'altitude atteint à peine 500 mètres, et qui est le point de départ de quelques chaînes secondaires, ou, pour parler plus exactement, de plusieurs séries de mornes.

Le groupe du nord est formé par une chaîne ayant la direction nord-sud, taillée à pic vers l'ouest et s'abaissant moins brusquement du côté de Navetzi. Cette chaîne est interrompue par une grande coupée dans laquelle coule le Dzamarango.

Le troisième groupe se compose presque uniquement du morne Loucoubé, piton granitique de 453 mètres de hauteur, creusé de profondes ravines et couvert d'une magnifique végétation. Ce sommet s'aperçoit d'une distance de 12 à 15 lieues; il est recouvert de forêts de haute futaie sur toute la partie sud, mais la partie ouest a été mise à nu par des défrichements au moyen du feu. Sur les flancs et les pieds de ce massif, ainsi que dans les ravins dont il est creusé, se voient d'immenses blocs de granit dont quelques-uns n'ont pas moins de 300 mètres cubes, roulés du haut de la montagne, entassés de la manière la plus pittoresque, formant tantôt des grottes profondes, tantôt des aqueducs naturels, où s'épanche une eau fraîche et limpide.

Outre ces trois groupes principaux, il y a un grand nombre de pitons isolés dont les plus élevés à l'ouest sont le Dzamandzar, les mornes de Tavandava et de la « Pointe à la fièvre, voisins de Hell-Ville, chef-lieu de la colonie ; à l'est, est le morne de Vouririky, au pied duquel sont des marais à sangsues.

CRATÈRES. — D'origine volcanique, Nossi-Bé a plusieurs anciens cratères, notamment les trois d'Angouroukarany sur un des plateaux inclinés de Tannilatsaka, et ceux d'Ampombilava, à 3 kilomètres au nord de Hell-Ville, désignés sous le nom de « grand » et « petit » cratère, analogues aux puys de l'Auvergne. Sur le versant ouest on trouve les traces d'anciennes coulées basaltiques qui s'étendent au loin dans la plaine d'Ampombilava.

RIVIÈRES ET MARÉCAGES. — De ces groupes de montagnes s'échappent une foule de petits ruisseaux et de torrents qui parcourent les innombrables ravines dont le sol est déchiré. De tous ces cours d'eau, aucun n'est navigable ; les trois principaux, dont l'eau est potable toute l'année, prennent leur source dans le Tannilatsaka. Le premier et le plus important par sa longueur est le Djabal ou Djabala qui roule dans la direction de l'ouest, passe au pied du plateau de Hell-Ville et va se jeter dans la mer, après avoir traversé un marais fréquenté par d'énormes caïmans. Au milieu de ce marais se trouve une source d'eau thermale sulfureuse alcaline dont la température normale est de 44 centigrades.

Le Djabal, qui pourrait rendre de si grands services à la culture, est une cause d'insalubrité pour Hell-Ville ; sur ses bords s'étendent de vastes marécages dont les émanations délétères sont la cause déterminante de fièvres paludéennes affectant trop souvent la forme pernicieuse. Ses principaux affluents sont l'Antourtour, le Sadjoua qui parcourt une belle plaine, très fertile et très heureusement située au point de vue climatérique, abritée qu'elle est, par de hautes montagnes, contre les émanations paludéennes du littoral, et enfin l'Androdoa, remarquable par une cataracte de 50 mètres de hauteur. La mer remonte le

Djabal jusqu'à 3 kilomètres en amont de son embouchure et le rend navigable en canot sur une certaine étendue.

Les deux autres cours d'eau pouvant être cités sont : l'Andriana qui coule dans la direction du nord-est et va se jeter à la mer au fond de la baie d'Empireque, et l'Ankarankely, coulant vers l'est, qui se jette à la mer à Andimakabou, après avoir traversé un grand marais couvert de palétuviers.

Les eaux de la mer ont formé à l'embouchure de presque tous les ruisseaux, principalement au sud-ouest et à l'est, des marais dangereux par leurs émanations, et difficiles à dessécher à cause de leur étendue (de Lanessan).

On rencontre également à Nossi-Bé plusieurs aiguades où les bâtiments peuvent s'approvisionner d'eau avec facilité. Ce sont des filets d'eau fraîche serpentant dans les roches. Deux de ces aiguades sont situées près du mouillage de Loucoubé, à l'ouest de la forêt de ce nom, dans de petites anses de sable où abordent facilement les embarcations ; la troisième, qui est la plus abondante, est située près du mouillage de la côte sud, entre la pointe Tafondro et la pointe Loucoubé ; mais elle a l'inconvénient de ne pouvoir être approchée qu'à marée basse.

Depuis 1878, on a construit à l'extrémité du village d'Andouane, qui fait suite à Hell-Ville, un château d'eau dont le réservoir, constamment rempli, alimente la ville au moyen de tuyaux en fonte avec lignes obliques, s'étendant jusqu'à l'extrémité de la jetée du port, où les bâtiments peuvent très facilement faire leur eau en quelques heures.

LES PETITES ILES. — Nossi-Mitsio, à 25 kilomètres au nord de Nossi-Bé, est habitée en partie par les Sakalaves-Antankares. Son chef, Tsimiaro, l'a cédée à la France pour une pension annuelle de 1,500 francs.

Cette île a exactement la forme d'un V ; l'ouverture fait face au nord, et elle a, dans son milieu, un énorme rocher de forme ronde, appelé Ancaréa, et sur le sommet duquel Tsimiaro a établi sa demeure.

A 15 kilomètres dans l'est de Nossi-Bé, est Nossi-Fali qui produit du riz en assez grande quantité, et dans le sud-est, séparée par un canal de 1,000 à 1,200 mètres de largeur, est Nossi-Comba, véritable bloc de montagnes, presque entièrement rond à sa base, qui présente deux points culminants ayant chacun une altitude de 548 mètres.

Enfin, à l'ouest sont les rochers absolument stériles de

ICHOUI. — Vue générale.

Nossi-Rati et Nossi-Tanga, et l'île de Sakatia. Cette dernière, distante à peine d'un kilomètre, est encore inhabitée ; elle sert de jardin potager aux Sakalaves qui y ont établi des plantations de manioc, de patates et de riz. Elle est peu avantageuse, et les quelques ruisseaux qui l'arrosent sont bordés sur leurs rives de vastes marécages dont les miasmes délétères ont jusqu'ici opposé un obstacle insurmontable à la colonisation.

LA POPULATION. — Comme il a déjà été dit, la population primitive de Nossi-Bé était un mélange de Malgaches, croisés de Comoriens et d'Arabes; à la suite des événements survenus sur la côte ouest de Madagascar et des succès des Hovas, l'élément sakalave est devenu de plus en plus important. La totalité de la population est d'environ 9,500 habitants, dont près de 5,000 Malgaches et 2,600 Africains; la population blanche n'atteint que le chiffre de 250 habitants, exclusivement français, sauf 1 Américain et 2 Allemands. L'état civil n'existe pas pour la majorité des indigènes; les chiffres qui les concernent ont été constatés par un recensement spécial, à la date du 1er juin 1884.

Les blancs sont, pour la plupart, venus des Mascareignes, et s'adonnent au commerce ou à la surveillance des plantations.

CHAPITRE II

Administration. — Villes.

Rattachement au gouvernement de Diego-Suarez. — Personnel administratif.
— Hell-Ville, son port et sa rade. — Ambanourou. — Circonscriptions
administratives. — Moyens de défense.

ADMINISTRATION. — Jusqu'en 1888, Nossi-Bé était administrée par un commandant particulier; depuis cette époque elle est rattachée au gouvernement de Diego-Suarez et n'a plus qu'un administrateur. Il y a en outre un juge-président, chef du service judiciaire, un sous-commissaire, chef du service administratif, un médecin de la marine, chef du service de santé, et un trésorier-payeur.

Les travaux publics sont dirigés par un conducteur des ponts et chaussées, et un agent de la même administration est chargé des travaux militaires.

L'instruction publique est donnée par des instituteurs laïques et congréganistes. Les instituteurs congréganistes appartiennent à l'ordre du Saint-Esprit et du Saint-Cœur de Marie; il y a également des sœurs des congrégations de Saint-Joseph de Cluny et de la Providence.

Le service du culte est assuré par un supérieur ecclésiastique et deux desservants.

L'ensemble du personnel administratif est d'une soixantaine de fonctionnaires et employés.

HELL-VILLE. — Hell-Ville, qui doit son nom au contre-amiral de Hell, son fondateur, est le chef-lieu. Quoique datant de la prise de possession en 1841, ce n'est guère qu'à partir de 1852 qu'elle a commencé à s'agrandir et à prendre de l'importance. Actuellement elle compte plus

de quatre-vingts maisons en pierre ou en bois, et un grand
nombre de cases malgaches, constructions légères, mais
propres et saines.

Le nombre des habitants de toute nationalité et de toute
couleur, est de 1,100.

Hell-Ville est située dans l'espace compris entre la partie méridionale de Nossi-Bé, la côte nord-ouest de Nossi-
Comba et la petite île de Tannikély; c'est le meilleur
mouillage, et en y comprenant la baie de Passandava sur
la côte de Madagascar, des flottes considérables pourraient
y trouver un abri.

Le port et la rade de Hell-Ville sont accessibles de jour
et de nuit, sans aucun danger, pour les bâtiments du
plus fort tonnage, notamment depuis l'érection, en 1884,
de deux feux blancs fixes d'une portée moyenne de 12 à
15 kilomètres, qui ont été placés : l'un à l'est, sur l'îlot
Nossi-Vorou, en dehors de la passe située entre Nossi-
Comba et la pointe de Loucoubé, conduisant dans le port
du côté de l'est ; et l'autre, à l'ouest, sur l'îlot Tannikély,
situé dans la baie de Passandava, à 9 kilomètres de Hell-
Ville, pour indiquer l'accès du port par ce côté ; en sorte
que l'on peut maintenant y entrer par la plus grande
obscurité.

La rade offre partout un fond de vase ou de sable va-
seux. La profondeur de l'eau est de 20 à 40 mètres et la
mer toujours belle. Au mouillage, situé à 600 ou 800 mètres
de terre, on a de 16 à 20 mètres d'eau ; on y est parfaitement à l'abri avec les vents depuis l'ouest-nord-ouest jusqu'au sud, passant par le nord et l'est ; mais avec ceux du
sud-ouest et de l'ouest, s'ils sont frais, on a un peu de
mer qui rend l'abord de la plage difficile. Toutefois les
communications de la rade avec la terre sont toujours
assurées par une magnifique jetée de 250 mètres de longueur et 6 mètres de largeur, construite en maçonnerie et
terminée par un musoir de 8 mètres de largeur, établi au
moyen de blocs hydrauliques.

Cette jetée a 3 mètres au-dessus du niveau moyen de la mer et à son extrémité a été placé un feu de port rouge, visible à plus de 3 kilomètres, qui indique le mouillage. A cette jetée est annexé un appontement en bois de 40 mètres de long et 8 mètres de large, afin de permettre l'accostage des navires de tout tonnage, pour opérer les chargements et les déchargements par toute marée.

Un petit chemin de fer Decauville est établi sur la jetée même pour opérer le déchargement et le chargement du charbon et des marchandises.

Deux hangars de 40 mètres de long sur 8 mètres de large et 4 mètres de hauteur, construits en maçonnerie et couverts en tuiles, servent de dépôt de charbon. Ils contiennent 1,800 tonneaux. Deux autres hangars de 52 mètres de long, 8 mètres de large et 3 mètres de hauteur, peuvent contenir 2,500 tonneaux de charbon.

Dans le fond du port et à l'est de la jetée, on a construit une cale de 45 mètres de longueur et 8 mètres de largeur pour servir au montage de deux canonnières qui avaient été expédiées de France par tranches. Cette cale, d'une

Saïd-Omar.

solidité éprouvée, peut servir pour d'autres constructions, ou comme gril de carénage.

Sur le morne qui domine la pointe de Finaloa, fermant en quelque sorte la rade de Hell-Ville à l'ouest, s'élève un mât de signaux dont la série conventionnelle indique aux habitants et au port l'arrivée des navires, leur nature, leur nationalité, leur direction. Ces signaux, de jour seulement, sont précédés d'un coup de canon.

Le plateau sur lequel Hell-Ville a été établie, est élevé

d'une quinzaine de mètres au-dessus de la mer; il est relié au reste de l'île par une langue de terre étroite, n'ayant pas plus de 300 mètres de largeur, et flanqué de chaque côté, de marais pestilentiels.

Le panorama de la ville, vu du mouillage, est magnifique et rappelle celui de Fort-de-France à la Martinique. Du milieu de bananiers et de mangliers, au-dessus desquels s'élèvent les cimes gracieuses des palmiers, on voit se détacher les silhouettes blanches de quelques jolies habitations au toit pointu, dont les murs sont revêtus de nattes qui les protègent contre les rayons brûlants du soleil, et entretiennent de la fraîcheur à l'intérieur. Plus loin, on aperçoit, s'étageant sur les flancs des cratères qui ferment l'horizon, de belles prairies où croissent la canne à sucre et le caféier. Une fois débarqué, il n'y a pas de déception, « la ville a l'air d'un bosquet de verdure ».

ANDOUANE. — A une petite distance de Hell-Ville est le fort d'Andouane, simple blockhaus, construit à côté du village du même nom, dont la population, presque exclusivement composée de Sakalaves, habite de petites cases de bois, recouvertes de feuilles de latanier. « Une des curiosités de cette localité est le jardin du gouvernement, parc minuscule admirablement soigné, contenant toutes les essences tropicales, et montrant le parti qu'on pourrait tirer de cette terre si elle était convenablement cultivée. »

De Douani on jouit d'un point de vue très beau et très étendu.

AMBANOUROU. — Ambanourou, qui est le siège d'un trafic important, est habitée par des Indiens et des Arabes venant de la grande Comore et même de Zanzibar; elle existe depuis assez longtemps, et, lors de notre prise de possession en 1841, elle était, comme aujourd'hui encore, habitée par des Indiens. On remarque des vieilles masures en pierre dont la construction remonterait à 1818 et 1825, si l'on en juge par les millésimes qui sont gravés sur les frontons des portes principales. Ambanourou n'est en somme qu'un ramassis de maisons en pierre, surmontées de toits plats, et de cases en nattes, semées au hasard et sans ordre dans un grand nombre de rues étroites et tortueuses, le tout sale et répandant une odeur *sui generis.* Les rues sont cependant en voie d'amélioration, et quelques-unes ont déjà des réverbères.

La population totale de cette ville est de 1,650 habitants; elle est l'entrepôt des marchandises de la côte d'Afrique, de Madagascar et de Bombay. Les Indiens font un grand commerce d'échange, écoulant à Madagascar les produits de Zanzibar et de Bombay, et ramenant les produits malgaches : coton, bois, cuirs, caoutchouc, etc.

C'est à Ambanourou que vont mouiller les boutres arabes qui font le cabotage; un appontement en bois, de 12 mètres de largeur et de 50 mètres de longueur, sert au déchargement et chargement des marchandises.

Du côté de la terre on ne peut aborder qu'en pirogue, la ville étant de toutes parts entourée de marécages ; une route conduisant à Hell-Ville sera bientôt achevée.

AUTRES CIRCONSCRIPTIONS. — Les autres centres de population un peu importants sont Andavakoutoukou, Anpassimena, Tanandava et Amboudivaniou.

Les 53 villages de toute la colonie sont partagés en cinq circonscriptions, dont les plus populeuses sont celles de Hell-Ville (4,200 habitants) et d'Ambanourou (2,340 habitants).

MOYENS DE DÉFENSE. — Les moyens de défense de cette colonie, point stratégique important, sont absolument insuffisants.

CHAPITRE III

Économie politique et sociale.

Productions du sol. — Main-d'œuvre. — Immigration. — Commerce.
Climatologie. — Moyens de communication.

PRODUCTIONS DU SOL. — Le sol de Nossi-Bé se prête à toute espèce de cultures; il est d'une fertilité remarquable et d'un travail facile; la végétation y est luxuriante et vigoureuse. Il produit l'indigo, le sésame, la canne à sucre le café, le riz, le manioc, la patate, divers légumes, le maïs, la vanille, le coton, l'arachide, etc., mais les principales cultures sont : la canne à sucre, le riz et le café.

. La canne à sucre est surtout cultivée par les Européens et pour leur compte. Quelques indigènes plantent aussi des cannes, mais leurs cultures favorites sont surtout celles du riz, du manioc, du maïs, de la patate et divers légumes du pays, en vue d'assurer leur subsistance et celle de leurs familles; ils songent peu à cultiver le riz pour en faire un objet d'exportation. L'administration cherche les moyens d'exciter les indigènes à cultiver le riz en plus grande quantité, et, par suite, à produire un mouvement commercial en faveur de cette denrée.

Au 1er janvier 1884, le territoire de l'île, dont la superficie totale est de 29,300 hectares, sur lesquels 7,765 hectares seulement étaient concédés, se partageait de la manière suivante : cannes à sucre, 900 hectares; caféiers, 100 hectares; riz et légumes, 1,350 hectares; en savanes,

3,045 hectares ; forêts, 593 hectares, et en friche, 1,777 hectares. Sur les 21,535 hectares qui appartenaient encore au domaine, on estimait à peine à 400 hectares environ les parties boisées ; la différence était en savanes ou terres incultes.

Sur les 31 habitations sucrières, 16 possédaient des distilleries pour la fabrication du rhum, 13 manipulaient leurs cannes au moyen d'usines à vapeur, 2 fonctionnaient avec des moulins à eau et 1 avec un moulin à traction animale.

Ces 31 propriétés et les 59 plantations indigènes employaient 2,973 travailleurs, dont 1,781 indigènes et 1,192 immigrants ou engagés.

Pour l'année 1883, les divers produits ont été : sucre, 906,000 kilogrammes ; rhum, 136,059 litres ; café, 1,480 kilogrammes ; vanille, 255 kilogrammes ; tabac, 1,200 kilogrammes ; riz, 931,000 kilogrammes ; maïs, 78,250 kilogrammes ; cocos, 1,050,000 ; manioc, 171,960 kilogrammes ; légumes indigènes, 42,800 kilogrammes ; légumes d'Europe, 7,300 kilogrammes ; ramie, 2,000 kilogrammes. Le tout représentant une valeur de 750,000 francs environ.

Jusqu'en 1860 l'administration accordait des concessions de terrains et les terres n'eurent pas de cours régulier : les concessionnaires préparaient leurs installations, construisaient des usines et des distilleries, faisaient des semailles. En résumé, on préparait le sol. A partir de 1860, l'agriculture prit son essor, et elle a marché depuis progressivement. Si les résultats ne sont pas aussi brillants, aussi remarquables qu'on pourrait le désirer, il faut en attribuer la cause à des sécheresses pour ainsi dire périodiques, et au manque de bras, principalement dû à l'absence d'un recrutement régulier de travailleurs, et aussi, il faut bien le dire, à la modicité des capitaux engagés.

Il n'a pas été fait de nouveaux essais de culture, ce qui s'explique par le nombre restreint de travailleurs.

A part la fabrication du sucre et du rhum, il j n'existe aucune autre industrie sérieuse ; cependant le pays est riche en minerais de tous genres.

Le sol de Nossi-Bé est presque entièrement dénudé, de rares bouquets d'arbres ont été conservés sur les habitations. Une seule forêt d'essences diverses existe à Loucoubé ; on ne coupe aucun arbre sans l'autorisation expresse de l'administration. Dans le reste de l'île, les coupes sont interdites ; mais il faudra de longues années avant de reconstituer quelques parcelles de terrains boisés, et plus longtemps encore avant de songer à en tirer parti pour les constructions.

MAIN-D'ŒUVRE. — Les Comoriens, les Anjouannais et les engagés de la côte d'Afrique, désignés sous le nom générique de Ma-Koua, fournissent la plupart des travailleurs. Ces hommes, généralement bien constitués, sont beaucoup plus durs que les Européens ; ils supportent beaucoup mieux les maladies et peuvent longtemps endurer la fatigue, parce qu'ils ont toujours vécu dans des climats fort chauds et souvent malsains ; mais ils sont de beaucoup inférieurs comme travail. On peut estimer qu'un ouvrier européen ferait facilement deux ou trois fois la besogne d'un indigène et en moins de temps.

Les prix de la main-d'œuvre sont variables ; sur les propriétés, on engage généralement les hommes moyennant un salaire de 12 fr. 50 par mois, plus la ration de riz et le logement ; les journaliers, lors de la coupe des cannes, sont payés 1 franc par jour.

Les salaires des travailleurs indigènes, résidant dans la colonie sans engagement, varient, suivant les métiers et les aptitudes, de 1 franc à 3 fr. 50 par jour.

Les ouvriers européens sont absolument rares. Quelques créoles de la Réunion ou de Maurice trouvent à travailler, mais ils ont généralement des métiers spéciaux et sont rarement payés à la journée.

Les propriétés sucrières occuperaient aisément un

PANORAMA DE NOSSI-BÉ.

nombre plus considérable de travailleurs indigènes qu'il faudrait payer régulièrement. Réduit, faute de crédit, à l'emploi de la main-d'œuvre des immigrants, qui ne se recrutent plus et qui se rengagent rarement, le planteur subit un ralentissement considérable dans la production.

Telle propriété qui produit 100 tonneaux de sucre, pourrait en fournir 200 ou 300, avec une augmentation d'un tiers de travailleurs seulement ; mais encore faudrait-il que les terres, épuisées depuis longtemps, fussent travaillées, amendées et fumées.

IMMIGRATION. — Avant 1881, l'immigration des travailleurs noirs était régie par différents actes émanant du commandant supérieur de Mayotte et dépendances. Ces actes autorisaient le recrutement aux îles Comores et à la côte d'Afrique.

A partir de 1880, le nombre des engagés, qui était monté à 1,300, commença à décroître ; il y eut environ 45 pertes dans l'année, comprenant 36 décès et 2 hommes partis à destination de Madagascar, pour des raisons diverses. L'administration s'émut de la difficulté du recrutement ; à sa demande, le Gouvernement de la Métropole négocia avec le Portugal un traité permettant d'engager des travailleurs à Ibo, province de Mozambique. Ce traité a été conclu le 23 juin 1881, mais il n'a pas encore produit de résultats.

En dehors des officiers, des fonctionnaires et des agents des maisons commerciales, l'immigration européenne est à peù près nulle. C'est tout au plus si elle comprend quelques rares personnes qui viennent avec l'espoir de gagner quelque argent, après avoir passé par différents pays, Maurice, la Réunion et Mayotte par exemple. Toutefois, pendant les opérations de guerre à Madagascar, la colonie recevait par chaque navire un nombre toujours croissant de créoles, notamment de la Réunion, qui cherchaient à se créer une situation à Nossi-Bé, où l'existence matérielle

est de beaucoup moins chère que dans leur pays. Ce mouvement n'avait rien de régulier et devait cesser avec les
circonstances qui l'ont fait naître.

Les terrains susceptibles de culture sont à peu près tous
aliénés ou concédés, soit à des colons, soit à des indigènes.
L'immigration européenne n'a pas ainsi d'avenir dans le
pays, avec les travaux agricoles, mais elle pourrait beaucoup se développer par la création ou l'installation de
petites industries.

Malheureusement, les ressources budgétaires locales ne
permettent pas de subventionner l'immigration européenne.

COMMERCE. — En 1883, le mouvement général du commerce, importation et exportation, a été de 7,806,000
francs. Les importations se sont élevées à 4,045,000 francs
et les exportations à 3,761,000 francs Ces chiffres sont
égaux à la moyenne des dix années précédentes. Les importations se partagent, à peu de chose près par moitié, le
pavillon français et les pavillons étrangers. Les exporta-
tations sous pavillon français dépassent de 700,000 francs
environ celles faites sous pavillon étranger.

Cette année-là, la récolte du café avait été à peu près
nulle, la maladie ayant détruit un nombre considérable de
plants.

Les principaux objets d'importation sont les denrées alimentaires, les boissons, les tissus, le sel, etc., qui viennent,
soit d'Europe, soit de l'île de la Réunion. Madagascar importe du riz en paille, des bœufs, des bois de construction,
des cuirs, etc.

Les principaux objets d'exportation sont : le sucre, le
rhum, la vanille et les tissus de Madagascar, tels que
rabanes (étoffes de rafia), lambas de soie. Certains lambas
se payent à la provenance jusqu'à 800 et 1000 francs,
même de 2,000 à 2,500 francs, lorsqu'ils sont émaillés
d'argent et quelquefois d'or. Nossi-Bé envoie à Madagascar de la verroterie, des boissons, de la quincaillerie,

des tissus, des toiles indiennes et arabes, des cotonnades, du rhum, de la poudre, du plomb, des armes, etc. ·

Tous les ans, il se tient à Ambanourou une espèce de foire qui est le rendez-vous de tous les caboteurs de la côte d'Afrique et des négociants de Bombay.

A part trois grandes maisons de commerce qui représentent trois nationalités différentes, la France, l'Amérique et l'Allemagne, il n'existe pas d'autres commerçants importants dans la colonie, et le commerce qui s'y fait est entre les mains d'une foule de petits détaillants, dont le chiffre d'affaires varie de 15,000 à 25,000 francs par an.

Parmi les Indiens fixés à Ambanourou, il en est deux ou trois qui font des opérations de consignation et de commission avec des maisons importantes de Zanzibar; leur mouvement de fonds s'élève en moyenne de 600,000 à 800,000 francs par an.

L'importance respective des trois grandes maisons, européennes et américaine, est à peu près la même; cependant la maison française, à cause du commerce des bœufs qu'elle effectue sans concurrence, paraîtrait avoir un mouvement d'affaires plus élevé. En somme, on peut évaluer leur importance à un chiffre moyen de 1 million chacune.

Les conditions d'achat et de vente à Nossi-Bé se ressentent de l'importance qu'ont les Indiens sur la place. Les marchandises provenant d'importation se vendent, soit au comptant, soit au moyen d'échanges, contre des produits venant de Madagascar. La vente au comptant se règle en roupies, au taux de 2 fr. 50 cent., ou en monnaie française. Au moyen d'échanges, elle se fait *ad valorem*.

C'est dans ces opérations que les maisons établies dans la colonie ont le plus à gagner, par cela même qu'elles ont la faculté de coter à des prix exclusifs les marchandises dont elles s'approvisionnent, à bon compte, sur les marchés européens, *en Allemagne surtout*.

La vente des marchandises originaires de l'île ou de Madagascar, se fait avec quelques différences, notamment pour les premières : sucres, rhum et riz en paille. Les sucres, emballés dans des sacs en vacoa de divers poids, se vendent au tonneau de la manière suivante : ils sont livrés aux grandes maisons pour être expédiés en Europe au compte des vendeurs, auxquels, au moment de l'expédition, il est versé, à titre d'avance,

une somme de 200 ou 300 francs par tonneau. Après la vente, les expéditeurs touchent le reste, s'il y en a, du produit de la vente en Europe, au moyen d'un compte de retour grevé de frais de toutes sortes, chaque intermédiaire ayant prélevé son bénéfice, très onéreux pour les expéditeurs.

Quand ils ne sont pas liés aux grandes maisons par des engagements ou des avances, les producteurs préfèrent vendre, sur place, aux Indiens, leurs sucres qui, très souvent, atteignent un cours beaucoup plus élevé que sur les marchés d'Europe. Ces sucres sont expédiés dans l'Inde

Princesse
de la grande Comore.

anglaise, à Bombay, sur un des boutres ou daous qui fréquentent Nossi-Bé de mars à octobre de chaque année. Ces ventes, faites au comptant, en numéraire français, sont très rémunératrices pour les détenteurs de sucres.

Les rhums, pour la plus grande partie, vont à Madagascar.

En 1883, il est arrivé à Nossi-Bé 685 navires jaugeant ensemble 35,103 tonneaux : 87 étaient français avec un tonnage de 22,054 tonneaux ; 496 étaient arabes, tonnage total 4,864 tonneaux et 29 étaient indiens, tonnage 2712 tonneaux. Les 23 autres appartenaient aux nationa-

lités : anglaise (3), allemande (6), portugaise (4), américaine (4), hova (3), sans pavillon (3).

La même année, il est sorti 626 navires, jaugeant ensemble 26,297 tonneaux ; 39 étaient français avec un tonnage de 13,352 tonneaux ; 518 arabes, 5,228 tonneaux ; et
36 indiens, 2,259 tonneaux.

CLIMATOLOGIE. — Le climat de Nossi-Bé est rendu surtout malsain par les nombreux marécages répandus dans
l'île, et plus particulièrement sur le littoral.

Pendant la saison sèche, d'avril ou mai à octobre, le
thermomètre varie de 27 à 33 degrés centigrades. Pendant
la nuit, du mois de mai au mois de juillet, il descend parfois à 17 degrés. L'hivernage, saison la plus chaude, commence en novembre et se termine en avril ou mai. Pendant cette période, des orages terribles viennent presque
chaque soir éclater sur le plateau de Hell-Ville. C'est également dans cette saison que se manifestent les fièvres
opiniâtres auxquelles souvent les étrangers restent sujets
pendant tout leur séjour dans l'île.

A la saison sèche, les pluies sont rares. Cette rareté permet une bonne culture des cannes, mais, par contre, exige
un travail incessant et pénible pour l'arrosage des plantations.

Les vents à Nossi-Bé ont une direction à peu près con-
stante ; le matin, le varatsas ou vent de nord-est souffle de
une heure à neuf ou dix heures ; quelquefois c'est l'amba-
laka ou vent du sud qui se fait sentir jusqu'à la même
heure. A ce moment il y a calme jusqu'à midi ou une
heure, et alors le tayou ou vent de l'ouest à l'ouest-sud-
ouest se met à souffler.

Ces vents deviennent quelquefois assez forts, mais n'atteignent jamais assez de violence pour faire courir le
moindre danger à quelque embarcation que ce soit.

Il n'y a jamais d'ouragan à Nossi-Bé ; les raz de marée
sont également inconnus, et la rade de Hell-Ville est absolument sûre.

Comme dans tous les pays intertropicaux, les jours et les nuits sont égaux; toutefois pendant l'hivernage les jours durent environ une heure de plus. Les crépuscules sont à peine sensibles.

Les variations du baromètre sont peu sensibles; sur le bord de la mer, il oscille entre 754 millimètres 5, et 765 millimètres4; la moyenne annuelle estde 759 millimètres 4.

Sous un pareil climat, une hygiène sévère est de toute nécessité. Il faut se garder du moindre excès, s'observer en tout et particulièrement conserver un bon moral. Sans négliger de prendre toutes les précautions nécessaires, et surtout de soigner immédiatement le premier accès de fièvre, il ne faut pourtant pas se laisser abattre par une simple indisposition, toujours fréquente dans les débuts d'un séjour dans les pays chauds. Certes Nossi-Bé n'est pas un pays sain, mais pour lui comme pour d'autres

Sadi-Ali.

on a exagéré l'insalubrité. Une mauvaise hygiène et un manque d'énergie y ont tué plus d'hommes que le climat.

MOYENS DE COMMUNICATION. — Nossi-Bé est maintenant relié directement avec la France par une ligne mensuelle desservie par la Compagnie des Messageries maritimes. Le paquebot, qui part de Marseille le 12 de chaque mois, arrive à Nossi-Bé le 4 du mois suivant, ayant passé la veille à Mayotte et arrivant le lendemain à Diego-Suarez. Le même paquebot, revenant de Maurice et de la Réunion, touche à Nossi-Bé le 29 de chaque mois et arrive à Marseille le 22 du mois suivant.

Le prix du passage depuis Marseille, nourriture comprise, est de : 1ʳᵉ classe, 1,350 francs; 2ᵉ classe, 860 francs; 3ᵉ classe, 430 francs.

Le prix du fret par la même ligne est de 55 francs par mètre cube ou par 1,000 kilogrammes, au choix de la compagnie.

Avec les Comores, comme avec Mozambique et Zanzibar, les communications sont faites par les Indiens de Bombay et les Arabes, à l'aide de leurs boutres. Ces bateaux, qui n'ont qu'un mât et une immense voile latine, ne dépassent guère 120 à 150 tonneaux; quelquefois ils n'ont que 20 et 25 tonneaux et font les voyages de Bombay qu'ils mettent en relation avec la côte d'Afrique, Mayotte, Nossi-Bé et Madagascar.

DIEGO-SUAREZ. — Vue prise en 1885.

DIEGO-SUAREZ

Description. — Administration. — Commerce.

Description géographique. — Administration. — Défense. — Mouvement du
commerce et de la navigation. — Climatologie. — Moyens de communication.

DESCRIPTION GÉOGRAPHIQUE. — En 1826, le capitaine
Owen, de la marine royale britannique, fit la première
reconnaissance hydrographique de la magnifique baie de
Diego-Suarez ou « Antomboka », qu'il surnomma la citadelle de l'océan Indien.

En 1832, le gouvernement français, qui avait formé le
projet de fonder dans cette baie un établissement colonial,
la fit explorer par la corvette *la Nièvre*.

Au mois de janvier 1885, nos troupes vinrent occuper le point où les Hovas, entourés de populations hostiles, entretenaient une forte garnison.

Un sinistre marqua le début de cette expédition. Le 24 février, le transport l'*Oise*, surpris par une tempête, se perdit avec douze hommes de l'équipage, au moment où il était sur le point d'atterrir, après une traversée des plus pénibles. Le même cyclone coula le vapeur français *Argo*, affecté au service de l'île de la Réunion, et le voilier américain *Sarah Burk;* il jeta à la côte, où elles se brisèrent complètement, la *Clémence* de Saint-Denis (Réunion) et l'*Armide* de Port Louis (Maurice).

Le traité conclu le 17 décembre 1885, entre le gouvernement de la République française et la reine de Madagascar, a concédé à la France « le droit d'occuper la baie de Diego-Suarez et d'y faire des installations à sa convenance ».

Les populations qui occupent les environs de la baie de Diego-Suarez appartiennent aux Antankares. Elles ont presque les mêmes traits et les mêmes habitudes que les Sakalaves de la côte nord-ouest de Madagascar. Elles sont plus sauvages, plus taciturnes, mais aussi moins turbulentes ; elles sont également moins intelligentes et moins adroites. Mélangées depuis longtemps avec les Cafres, leur type se rapproche beaucoup de celui de ces derniers : lèvres épaisses, nez fortement épaté, cheveux laineux.

Presque à l'extrémité septentrionale de Madagascar, à peu de distance du cap d'Ambre et ouverte à l'est, la baie de Diego-Suarez est située par 12° 18' de latitude Sud et 47° de longitude Est. L'entrée, large de plus de 3 kilomètres, est partagée en deux par l'îlot « de la Lune » ou Nossi-Volane ; la passe suivie par les navires n'a pas moins de 36 à 50 mètres de profondeur et donne entrée dans un vaste bassin qui se ramifie en plusieurs branches, dont celle du sud-ouest a 15 kilomètres en longueur.

Les indigènes ont donné à chacun de ces ports intérieurs des noms différents : « Dourouch-Foutchi », baie des Cailloux blancs, à cause de la nature de ses rives ; « Dourouch-Varats », baie du Tonnerre, parce que la foudre y est fréquemment attirée, pendant l'hivernage, par les hautes montagnes qui l'environnent ; « Dourouch-Vasah », baie des Français, en raison de quelques comptoirs que nos compatriotes y avaient établis. La quatrième baie principale porte le nom de « Port de la Nièvre » qui y a séjourné, en 1832, pendant sa campagne hydrographique ; on accède à celle-ci par un étroit et long chenal, rappelant en tous points le goulet de Brest.

Le bassin du centre, long de 10 kilomètres et large de 7, a une profondeur de 25 à 50 mètres sur fond de sable. Presque partout, du reste, les eaux, toujours tranquilles, sont

Gouverneur général Hova.

très profondes, et les plus grands bâtiments peuvent mouiller à quelques mètres du rivage.

Plusieurs îlots sont disséminés dans le bassin. Les aiguades sont nombreuses et commodes.

Les voyageurs ont comparé la baie de Diego-Suarez à celles de Rio-de-Janeiro et de San-Francisco, mais elle a beaucoup plus d'analogie avec le splendide Port-Jackson, baie de Sydney, en Australie.

C'est sur la côte méridionale, au cap Diego et au village d'Antsirane, que se sont fondés les établissements français. Sur le cap Diego, formant presqu'île, se trouvent l'artillerie, l'hôpital, le casernement des disciplinaires, la gendarmerie, les magasins, etc. Antsirane, située en face, a été choisie comme point principal et résidence du gouverneur. Déjà pourvue d'un petit chemin de fer Decauville, d'une longueur de 12 kilomètres et à traction de mules, qui la relie à Mahatsinso, elle s'étend graduellement sur une terrasse élevée au-dessus des entrepôts et des chantiers.

Diego-Suarez est dominé par la hauteur de Madgindgarive qui surplombe le chemin d'Ambohimarine à Antsirane. En octobre 1886, le commandant Caillet s'empara de ce point stratégique; il lui était indispensable pour assurer la sécurité de nos établissements. Le commandant hova protesta, mais on passa outre, et l'on entreprit, à cet endroit, la construction de fortifications. Un mur crénelé couronne la hauteur et clôt le baraquement qui sert de caserne à nos troupes.

Tout autour de nos établissements sont des groupes de paillotes qu'habitent, en majorité, des fugitifs sakalaves et antankares.

La baie de Diego-Suarez, entourée de monts stériles, située à la pointe de Madagascar, loin des pays de production considérable et dépourvue de routes convergentes, ne pouvait avoir autrefois d'importance pour le trafic; mais elle offre une admirable position stratégique à l'extrémité même de la grande terre, surveillant à la fois les deux côtés de Madagascar, les Comores et les Mascareignes. L'îlot de la Lune est posté en sentinelle avancée, à l'entrée même de la baie; un fort sur cet îlot, des batteries croisant leurs feux sur les deux rives, rendront impossible l'accès à tout navire ennemi. D'ailleurs eût-il forcé une des deux passes, celui-ci se trouverait tout à coup en face de Nossi-Langour, qui se dresse comme un bastion au milieu de la baie. Protégée par de telles fortifications, une flotte pourrait mouiller dans quelque crique de l'intérieur, invisible du large et hors de la portée des canons.

Presque à la hauteur de Diego-Suarez, sur la côte occi-

dentale, existe une autre baie, « Ambovanibé » ou du
Courrier. Ces deux baies ne sont séparées l'une de l'autre,
que par un isthme large de 6 kilomètres, de sorte que
toute la partie nord de Madagascar, s'étendant au delà de
cet isthme jusqu'au cap d'Ambre, forme une sorte de presqu'île. « Un canal, creusé dans cet isthme et reliant Diego-
Suarez à la baie du Courrier, détacherait cette presqu'île
de la grande terre et en ferait une île. Si ce projet, très

DIEGO-SUAREZ. — Camp des volontaires sakalaves.

pratique d'ailleurs, était mis à exécution, nous aurions
ainsi, dans le nord de Madagascar, un poste maritime de
premier ordre, très facile à défendre, et une station navale
qui vaudrait les plus belles des Anglais, quelque chose
comme un Hong-Kong français. » (H. Le Chartier et G. Pellerin.)

A défaut de ce canal, un chemin de fer à voie étroite
rendrait des services importants.

On s'occupe de fonder un sanatorium sur un des sommets de la montagne d'Ambre, à 1,136 mètres au-dessus du
niveau de la mer. Il serait bon qu'il fût installé de façon

à devenir un agréable séjour de repos pour les fonctionnaires et colons de Madagascar ainsi que des îles environnantes.

, Le périmètre du territoire appartenant à la France
autour de la baie de Diego-Suarez n'a pas encore été officiellement déterminé.

. ADMINISTRATION. — La première organisation administrative de Diego-Suarez avait mis à la tête de cet établissement un commandant particulier, mais un décret du
4 mai 1888 a réuni, sous le même gouvernement, ayant son
siège à Diego Suarez, nos possessions de Sainte-Marie de
Madagascar et de Nossi-Bé. Le gouverneur est assisté, pour
l'administration de Diego-Suarez, par un directeur de
l'intérieur et un chef du service administratif.

Un chef d'escadron de l'artillerie de la marine dirige les
services militaires. L'effectif des troupes s'élève à 1,200
hommes, tant de l'infanterie que de l'artillerie de marine.

La population actuelle, non compris les troupes, est de
3,390 habitants, presque tous indigènes, comoriens ou
mauriciens ; les Français proviennent en majeure partie
de l'île de la Réunion. L'importance de la population tient
surtout aux travaux exécutés par le département des colonies. Il n'y a pas encore d'industrie ni de commerce proprement dit. Les détaillants et les débitants de liqueurs
dominent (ces derniers sont au nombre de 93) ; la plupart
ont suivi à Diego-Suarez la garnison qui a évacué Tamatave à la fin de 1886.

. MOUVEMENT DU COMMERCE ET DE LA NAVIGATION. — Pendant
l'année 1887 le commerce général s'est élevé à 738,949 fr.,
dont 675,840 fr. pour les importations. Ces dernières con-
sistaient principalement en : fers et métaux, 34,500 fr. ;
tissus, 57,600 fr. ; mercerie, 33,200 fr. ; riz, 64,400 fr. ; spiritueux, 101,700 fr. ; vins, 78,100 fr. ; marchandises non
dénommées, 180,000 fr. Ces marchandises provenaient :
pour 462,700 fr. de colonies françaises, et 213,100 fr. de
l'étranger ; aucune n'avait été expédiée directement de

France. Cette anomalie s'explique par le fait qu'en 1887 il
n'y avait pas encore de relations directes entre notre nouvelle possession et la métropole.

Les exportations ont consisté presque entièrement en :
animaux, 35,000 fr. ; caoutchouc, 4,300 fr. ; écaille,
2,000 fr. ; peaux, 21,000 fr. Sur cet ensemble, il a été ex-
pédié en France : caoutchouc, 1,485 fr. ; écaille, 2,000 fr. ;
peaux, 16,240 fr.

Le mouvement de la navigation, pendant la même année
1887, a été de 121 navires, jaugeant ensemble 76,638 tonneaux (entrés : 60 navires, 38,306 tonneaux ; sortis : 61 navires, 38,332 tonneaux). Dans ces chiffres le pavillon français figure pour 34 navires, jaugeant 34.597 tonneaux, entrés et sortis, soit les 89 centièmes du tonnage total.

Jusqu'au 31 décembre 1887, les marchandises, tant à
l'entrée qu'à la sortie, étaient frappées d'un droit de
douane qui depuis cette époque a été remplacé par l'impôt
des patentes.

CLIMATOLOGIE. — Comme toutes les contrées intertropi-
cales, Diego-Suarez a les deux saisons, sèche et pluvieuse.
La première, d'avril à octobre ou novembre, a une température moyenne de 25° 6 ; le 22 août 1887, la température
est descendue à 19° 6. Au cours de cette saison, le baromètre se maintient entre 764 et 769 millimètres, et le vent
souffle régulièrement du sud à l'est.

Durant l'hivernage ou saison pluvieuse, la température
moyenne est de 27° 2 ; les mois de janvier, février et
mars sont les plus chauds, mais la température est rarement
étouffante et le sommeil est toujours possible. Le baromètre oscille entre 758 et 765 millimètres, et les vents soufflent de la partie ouest. Pendant cette saison, les orages
s'accumulent dans le sud des massifs de la montagne d'Ambre ; ils sont rares à Antsirane.

Dans l'année 1887, il est tombé à Diego-Suarez 727 millimètres d'eau pendant 79 jours de pluie, dont 665 millimètres durant l'hivernage ; le mois le plus pluvieux a été le

mois de janvier: 23 jours de pluie et 382 millimètres d'eau.

MOYENS DE COMMUNICATION. — La Compagnie des Messageries maritimes dessert directement Diego-Suarez par un courrier mensuel ; le paquebot part de Marseille le 12 de chaque mois et, après avoir touché à Port-Saïd, Suez, Obock, Aden, Zanzibar, Mayotte et Nossi-Bé, arrive à Diego-Suarez le 5 du mois suivant. En revenant de Maurice, la Réunion, Tamatave et Sainte-Marie de Madagascar, le même paquebot quitte Diego-Suarez le 28 de chaque mois pour arriver à Marseille le 22 du mois suivant.

Les prix de passage de Marseille à Diego-Suarez, nourriture comprise, sont : 1re classe, 1,375 francs ; 2e classe, 875 francs ; 3e classe, 440 francs.

Le fret est de 60 francs par mètre cube ou par 1,000 kilogrammes au choix de la compagnie.

Par voiliers, on a traité du fret à 38 francs le tonneau pour l'Atlantique ou la Manche.

SAINTE-MARIE. — Vue générale.

SAINTE-MARIE DE MADAGASCAR

CHAPITRE PREMIER

Précis historique.

Prise de possession (1643). — Pronis et Flacourt. — Le caporal Labigorne et
. la reine Béti. — Acte authentique de cession. — Capitulation en 1811. —
Reprise de possession en 1818. — Expédition de 1821. — Sylvain Roux. —
Radama et la colonie. — Situation actuelle.

PRISE DE POSSESSION (1643). — L'île de Sainte-Marie de
Madagascar ou « Nossi-Boraha » est située dans le nord-
est de Madagascar par 16° 45' de latitude sud et 48° 15' de
longitude est, vis-à-vis la baie d'Antongil, Tintingue et les
bouches du Manangouri ; elle n'est séparée de la grande
terre que par un canal ayant depuis 7 jusqu'à 30 kilomètres de largeur, et qui, dans sa partie étroite, n'est à proprement parler qu'une rade continue, où les navires peuvent trouver un abri sûr par tous les temps.
Les anciens auteurs français lui avaient donné le nom de

Nossi-Ibrahim « île d'Abraham » et parlaient d'une colonie juive établie sur cette terre ; pourtant les superbes Betsimisarakes de Sainte-Marie n'ont rien de sémite, ni dans la démarche, ni dans les traits (Élisée Reclus). Une tradition locale veut que l'île ait été occupée par un chef malgache, Boraha, venu de la grande terre avec sa tribu à la suite d'une guerre malheureuse, ce qui s'accorde avec le type des indigènes actuels.

PRONIS ET FLACOURT. — Pronis en prit possession dès 1643, au nom de la Compagnie Rigault, dite aussi Compagnie de l'Orient, et quelques-uns de ses compagnons s'y établirent. Lorsque Flacourt la visita quelque temps après, il n'y trouva plus que huit Français, les autres étaient morts de maladie. Dans la relation qu'il a laissée de cette île, Flacourt dit que chacun de ces colons avait sa maison et son jardin et, quand ils avaient affaire à des nègres, ils les aidaient en tout ce qu'ils avaient besoin d'eux. Néanmoins il les ramena à Fort-Dauphin à cause du climat.

Cette bonne entente avec les indigènes a existé partout à Madagascar, lorsqu'une politique maladroite de la part des chefs d'expéditions n'exaspérait pas les populations.

La Compagnie des Indes orientales, malgré cette première évacuation, continua à occuper, par intermittence, l'île de Sainte-Marie, dont les habitants se montrèrent toujours bien disposés vis-à-vis des « Vasah », Français.

LE CAPORAL LABIGORNE ET LA REINE BÉTI. — Labigorne, ancien caporal aux troupes de la Compagnie, en garnison à l'île de France, était venu se fixer sur la côte orientale de Madagascar ; il y épousa Béti, fille et héritière de Tamsimalo ou Ratsimilaho, de son vivant roi de Foulepointe et autres pays de la côte, depuis 13° 30′ de latitude sud jusqu'à la baie d'Antongil. Sous l'influence de son mari, Béti céda authentiquement l'île de Sainte-Marie au roi de France. Cet acte, passé le 30 juillet 1750, au nom de Pierre-Félix-Barthélemy David, écuyer, gouverneur général des îles de

France et Bourbon, faisait « au roi Louis XV et à sa Compagnie des Indes abandon entier et sans aucune restriction de l'île Sainte-Marie, de son port et de l'îlot qui le ferme, sans qu'ils soient tenus de payer à elle, Béti, ni à aucun de ses successeurs, aucuns droits et rétributions pour cause de ladite acquisition ».

Béti, avec ses Grands, s'engagea également à garantir la possession de Sainte-Marie, « contre tous troubles et empêchements de la part des naturels de l'île de Madagascar ou autre nation. » Enfin, elle reconnaissait « avoir reçu de la part du Roi et de la Compagnie, à titre de compensation, dédommagement, échange, une certaine quantité d'effets à elle propres et convenables, dont elle est contente, ainsi que les Grands du royaume à ce présens et acceptans, comme chargés des intérêts de leur reine et de sa couronne ».

Pour signer cet acte de cession perpétuelle, Béti, accompagnée d'un grand nombre de chefs indigènes, s'était rendue à Sainte-Marie sur le navire de la Compagnie *Mars* commandé par Adam de Villiers.

Gosse, officier de la Compagnie, qui avait figuré à l'acte de cession comme « chargé d'arborer le pavillon », prit immédiatement possession de notre nouveau territoire. Animé du même esprit que les Flacourt et les Lahaye, mais avec leur intelligence en moins, Gosse exerça une telle tyrannie sur la population placée sous ses ordres et si favorablement disposée, qu'il provoqua un soulèvement général dans lequel toute la colonie périt avec lui.

Sans tenir aucun compte des causes de ce soulèvement, de sanglantes et terribles représailles furent exercées ; toutefois, les excellentes relations qui, grâce à Labigorne, existaient entre la France et la reine Béti, ne furent pas altérées. La reine renouvela l'acte de cession, et le 15 juillet 1753, par ordre de Lozier-Bouvet, gouverneur général des îles de France et Bourbon, la frégate *Colombe* de la Compagnie des Indes, prit à nouveau officiellement possession de Sainte-Marie.

Un petit fortin carré, pouvant contenir une dizaine d'hommes, percé de meurtrières et présentant sur une de ses faces les armes du roi de France et la date de 1753, se voit encore près du village d'Ambodifotre, le plus populeux de l'île.

En 1804, l'admirable général Decaen, gouverneur de l'Ile de France, réunit sous une sorte de sous-gouvernement tous les comptoirs et établissements que nous possédions sur la côte nord-orientale de Madagascar, avec Tamatave comme chef-lieu. Sylvain Roux fut placé à sa tête, avec le titre d'agent commercial. Jusqu'en 1810, sous l'administration de cet homme habile et prudent, Sainte-Marie fut en bonne voie de prospérité.

CAPITULATION DE 1811. — REPRISE DE POSSESSION EN 1818. — En 1811, après la reddition de l'Ile de France, Sylvain Roux fut obligé de capituler à son tour, mais les Anglais n'occupèrent aucun point de nos anciennes possessions et se bornèrent à détruire les quelques ouvrages que nous avions élevés sur la côte de Madagascar.

Après les traités de 1815, sir Robert Farquhar, gouverneur anglais de Maurice, l'ancienne Ile de France, émit la prétention injustifiable de considérer nos droits sur Madagascar comme ayant été également transmis à l'Angleterre ; sur nos légitimes réclamations, le cabinet britannique dut refuser de ratifier la singulière interprétation que son agent semblait avoir donnée, de sa propre autorité, à l'article 8 du traité de Paris (voir livre XI, *Madagascar*), et le 15 octobre 1818, le baron de Mackau, capitaine de frégate, reprit solennellement possession de l'île Sainte-Marie.

Le gouvernement de la Restauration, comprenant toute l'importance qu'avait Madagascar, eut alors le désir d'y fonder un établissement sérieux. Le ministre de la marine, du Bouchage, envoya, en 1817, M. Forestier reconnaître

MAYOTTE. — UN CONVOI DE SUCRE.

par quels moyens on parviendrait à nous réimplanter
dans cette colonie déjà à moitié perdue.

M. Forestier fut d'avis de s'établir d'abord à l'île Sainte-
Marie, et, ce poste une fois consolidé (M. de Mackau y
avait retrouvé les débris de notre ancienne installation),
de se transporter sur la grande terre, à Tintingue.
MM. Carayon et Albrand furent envoyés à leur tour dans
l'île pour compléter l'étude du projet. Toutefois, bien que
le conseil d'amirauté eût approuvé, à la fin de 1819,
« l'occupation de l'île Sainte-Marie afin d'en faire, avec la
baie de Tintingue, le port de notre station navale dans la
mer des Indes », les nécessités budgétaires obligèrent le
comte Molé, successeur de M. du Bouchage, à l'ajourner
à l'année suivante. Les frais de cette expédition avaient
été évalués à 1,200,000 francs.

Sur ces entrefaites, M. Albrand, qui ne voyait pas Sainte-
Marie et Tintingue sous un jour aussi favorable que le
commandant de Mackau et Sylvain Roux, alla s'installer à
Fort-Dauphin et à Sainte-Luce. Il revint pourtant à Sainte-
Marie, où il mourut en 1826 ; son tombeau solitaire se voit
à l'île des Forbans, dans la rade de Sainte-Marie.

EXPÉDITION DE 1821. — SYLVAIN ROUX. — Le Gouvernement métropolitain ne renonça pas à ses projets, mais l'expédition, au lieu de partir en décembre 1820, comme il
avait été primitivement convenu, ne partit que le 7 juin
suivant.

La direction en fut donnée à Sylvain Roux, qui avait
simplement l'ordre de s'établir à Sainte-Marie, dont il devait garder le commandement. Ses instructions à l'égard
des naturels de la grande terre étaient telles que La Case
au xviie siècle ou Benyowski au xviiie auraient pu eux-
mêmes les dicter. Elles lui ordonnaient, en attendant l'occupation ultérieure de la baie de Tintingue, « de nous
concilier par une conduite juste, bienveillante, habile,
ferme, l'estime, la confiance et l'amitié des indigènes ».
Sylvain Roux s'y conforma assez bien ; mais il est un re-

proche qu'on lui adressera éternellement, à lui qui avait habité plus de vingt années les parages de Madagascar, et qui par conséquent devait en connaître à fond le climat : c'est de s'être embarqué à une époque qui ne lui permettait plus d'arriver à Sainte-Marie qu'au commencement de la mauvaise saison, ce qui devait fatalement condamner les colons et nos malheureux soldats aux fièvres du littoral et à des misères de toutes sortes (Louis Pauliat).

Aussitôt que le cabinet britannique apprit nos projets sur Sainte-Marie, il donna l'ordre à sir Robert Farquhar, en congé depuis deux ans à Londres, de rejoindre immédiatement son poste, avec tous les pouvoirs nécessaires pour s'opposer, sous le couvert des Hovas, à ce que nous voudrions entreprendre à Madagascar. Farquhar quitta l'Angleterre dans les premiers mois de 1820.

Le commandant des troupes françaises ignorait ces dispositions lorsqu'il arriva à sa destination, et trois semaines s'étaient à peine écoulées depuis le débarquement, qu'une corvette anglaise, *Manai*, se présentait inopinément devant Sainte-Marie, demandant *officiellement*, au nom des autorités du Cap et de Maurice, à quel titre les Français étaient venus s'établir à Sainte-Marie et quelles étaient leurs intentions sur Madagascar.

Sylvain Roux connaissait de trop longue date les droits de la France pour hésiter dans sa réponse; il n'eut qu'à rappeler les termes formels du traité de Paris, ce qu'il fit d'une façon nette et digne. Visiblement embarrassé par cette attitude, le capitaine anglais en référa à sir Robert Farquhar, qui fit alors déclarer à Sainte-Marie et à Bourbon : 1° qu'il considérait Madagascar « comme une puissance indépendante, actuellement unie au roi d'Angleterre — allusion au traité secret intervenu avec Radama, roi des Hovas — par des traités d'alliance et d'amitié, et sur le territoire de laquelle aucune nation n'avait de droits de propriété, hors ceux que cette puissance serait disposée à admettre »; 2° « qu'il avait été notifié par cette même puissance au gouvernement de Maurice et au commandant des forces navales britanniques dans ces mers, qu'elle ne reconnaissait le droit de propriété sur le territoire de Madagascar à aucune nation européenne ».

Sylvain Roux fut stupéfait par ces déclarations, dont le ton était quelque peu comminatoire. Cependant, comme il était dans une ignorance complète de ce qui s'était passé entre l'Angleterre et les Hovas, qu'il connaissait tout au plus de nom, il crut qu'il s'agissait d'une nouvelle chicane analogue à celle de 1815 et qu'elle se terminerait de même. Mais afin de donner à sa réplique la force d'un fait, et pour ne pas perdre son temps en de vaines protestations, il répondit à Farquhar en envoyant au sud un officier avec une poignée de soldats, pour réoccuper militairement Fort-Dauphin et y tenir garnison.

Cela fait, et sans se préoccuper davantage des réclamations de Farquhar, Sylvain Roux, ainsi que ses instructions le lui enjoignaient du reste, se mit à nouer sur l'heure des rapports avec les princes ou chefs de toute la contrée environnant Tintingue, depuis Fénériffe jusqu'à la baie d'Antongil. Tous ces chefs étaient les successeurs de ceux qui avaient apposé leur marque sur l'acte de cession consenti en 1750 par la reine Béti. Ses ouvertures eurent un plein succès. Elles furent si favorablement accueillies que le 20 mars 1822, c'est-à-dire cinq mois après son arrivée à Sainte-Marie, douze de ces princes, dans une réunion solennelle, firent acte d'alliance et de soumission à la France.

Sylvain Roux mourut le 2 avril 1823, et M. de Freycinet, gouverneur de l'île Bourbon, lui désigna comme successeur le capitaine du génie Blevec.

RADAMA. — Les succès obtenus par Sylvain Roux auprès des chefs malgaches avaient surexcité les Anglais, qui poussèrent le roi des Hovas d'abord à lancer une proclamation dans laquelle, prenant le titre de roi de Madagascar, il déclarait nulle toute cession de territoire qu'il n'aurait pas ratifiée; et ensuite à joindre les actes à la parole. Une armée hova, commandée par des officiers anglais, s'empara de Foulepointe, l'ancien chef-lieu des établissements français de Madagascar avant 1804.

MAYOTTE. — Une habitation de colon.

Enfin, en juillet 1823, Radama, à la tête d'une forte armée munie de fusils et de canons fournis par le gouverneur de Maurice, tombait, sans déclaration de guerre préalable, sur le territoire des chefs qui nous avaient fait soumission l'année précédente, pillant, brûlant, tuant, saccageant tout.

Impuissant à défendre Tintingue, le capitaine Blevec dut se borner à préserver Sainte-Marie ; néanmoins il protesta d'une façon énergique. Radama répondit qu'il ne contestait pas à la France la possession de l'île Sainte-Marie, qui lui avait été vendue autrefois par les naturels, mais qu'il ne reconnaissait, ni à la France ni à aucune puissance étrangère, des droits sur aucune partie de la grande île ; et que, quant au titre de roi de Madagascar, il le conservait pour lui-même parce que seul il était capable de le porter et d'en soutenir le prestige.

Force nous fut donc de dévorer l'outrage et de renoncer, pour le moment, à donner suite au projet de 1819 et de fonder quoi que ce fût à Tintingue et dans ses environs.

En 1826, une levée générale de boucliers se fit contre les Hovas, parmi les tribus, de Fénériffe à la baie d'Antongil. Ces dernières, prises entre deux feux, furent vaincues ; tout ce qui fut pris fut tué. On emmena les femmes et les enfants en esclavage ; ceux qui ne s'enfuirent pas dans les bois durent chercher un asile à Sainte-Marie.

Bien que Radama eût reconnu officiellement nos droits sur Sainte-Marie, et qu'en outre il nous dût de la reconnaissance pour le service que lui avait rendu le gouverneur de Bourbon en faisant passer des dépêches émanant de la garnison hova, bloquée dans Fort-Dauphin par les tribus des environs ; malgré tous ces motifs, le roi hova, cédant aux suggestions de ses conseillers, voulut nous rendre le séjour de Sainte-Marie impossible.

Notre établissement ne pouvait vivre qu'à la condition de tirer de la grande terre le riz, le bétail et les travailleurs libres ou esclaves dont les colons et les troupes avaient besoin. En ce qui concernait le riz et le bétail, Radama défendit expressément aux traitants de Sainte-Marie d'en acheter dans la partie de Madagascar située en face de l'île ; ils n'étaient autorisés à s'en procurer qu'à Foulepointe ou à Fénériffe, où la douane, tenue par les Hovas, leur faisait payer des droits exorbitants, à la sortie comme à l'entrée. Il s'ensuivit, pour tous les objets d'alimentation, un renchérissement qui bouleversait les conditions économiques de la colonie. La sévérité était telle, à cet égard, que le navire d'un traitant français, ayant été jeté à la côte dans un endroit interdit au commerce, ce traitant fut accusé d'y avoir abordé en vue d'y faire du trafic, et, pour cette raison, vendu comme esclave (voir *Notice sur Madagascar*). Relativement aux travailleurs libres ou esclaves, sans lesquels il n'y avait pas à songer à une production quelconque, Radama édicta la peine de mort contre tout Malgache qui nous en fournirait.

Le maintien de ces mesures aurait entraîné à bref délai la ruine des colons et l'abandon inévitable de notre établissement ; c'eût été, par suite, l'échec absolu de notre expédition de 1821. Après nous avoir fermé de force la grande terre, on nous aurait expulsés indirectement de Sainte-Marie (Louis Pauliat).

Femmes et enfant sakalaves.

Informé de la situation par le gouverneur de Bourbon, alors M. de Cheffontaines, M. Hyde de Neuville, ministre de la marine, malgré les faibles ressources dont disposait son département, organisa une petite expédition qu'il fit immédiatement partir pour Bourbon, et dont un des objectifs devait être l'occupation par des troupes du port de Tintingue. Toutefois le ministre, en homme pratique, laissa au conseil colonial de l'île Bourbon le soin de décider de l'époque et des points de Madagascar où il était préférable d'opérer.

Par suite de la mort de Radama et des espérances que fit naître cet événement, suivi de troubles chez les Hovas, espérances qui du reste ne se réalisèrent pas, ce ne fut que le 2 août 1829 que Tintingue fut occupé ; avec l'aide des naturels, nos alliés, on bâtit un fort armé de huit canons et pourvu de toutes les constructions nécessaires à la garnison. En quelques mois, des milliers de naturels transportèrent leurs villages autour du fort.

A la même époque, sous l'énergique et intelligente direction de M. Schœll, son gouverneur, Sainte-Marie prit un certain essor ; des relations commerciales suivies furent établies avec Bourbon, une école d'enseignement mutuel fut créée, et de nombreux travaux d'assainissement furent entrepris (H. Capitaine).

De suite après la révolution de 1830, autant pour éviter des dépenses que pour complaire à l'Angleterre, dont il recherchait l'amitié à tout prix, le gouvernement de Louis-Philippe ordonna de cesser tout acte de guerre à Madagascar et d'évacuer même Tintingue « sans se préoccuper, en échange, d'obtenir des Hovas le moindre traité » (Louis Pauliat). On eut même l'intention d'abandonner Sainte-Marie. « Une seule chose arrêta : ce furent les réclamations des colons qui s'y étaient fixés sur la foi de la Métropole, et qui affichaient l'idée de demander une indemnité. C'est pour cette seule raison qu'en 1832 la France continua de rester à Sainte-Marie (Louis Pauliat).

En 1858, le lieutenant de vaisseau Delagrange, commandant particulier de l'île, entreprit sa mise en valeur et la régénération morale de ses habitants. Il provoqua la formation d'une société qui devait développer les ressources naturelles du pays.

Intelligent, brave et énergique, d'une intégrité à toute épreuve, M. Delagrange était malheureusement plus rêveur que pratique ; il prit souvent ses désirs pour des réalités, et sa tentative n'eut pas de résultats notables.

SITUATION ACTUELLE.— L'importance de Sainte-Marie dépend uniquement de notre situation à Madagascar ; dans certaines circonstances, elle pourrait devenir un entrepôt général de marchandises, un port de relâche et de radoub, un refuge sûr pour nos vaisseaux, une forteresse facile à défendre (Désiré Charnay.) Toutefois, sauf au point de vue commercial, Diego-Suarez remplit bien mieux les conditions d'un point stratégique, et Sainte-Marie ne peut devenir arsenal ou port militaire qu'autant que la partie de la grande terre, qui lui fait face, soit notre possession et complète les travaux.

CHAPITRE II

Description géographique.

Productions et commerce. — Administration. — Localités. — Climatologie. —
Moyens de communication.

DESCRIPTION GÉOGRAPHIQUE. — Avec son annexe méridionale, l'île des Nattes, l'île Sainte-Marie a plus de 59 kilomètres du sud-est au nord-ouest ; mais sa largeur moyenne est si faible que sa superficie totale est seulement de 165 kilomètres carrés, dont un cinquième peut être soumis à la culture. Son périmètre mesure environ 150 kilomètres et dans les trois quarts de son pourtour, au sud, à l'est et à l'ouest, l'île est entourée d'une ceinture de récifs ; sur quelques points, cette ceinture est double et même triple. La côte orientale est inabordable, mais sur la côte ouest, une baie profonde, formée par deux rivières, donne un abri sûr aux plus grands bâtiments.

L'île est constituée par des séries de collines, reliées entre elles par d'autres chaînes secondaires ; les points culminants ont à peine 60 mètres d'altitude. Ces collines donnent naissance à un assez grand nombre de ruisseaux et même à une petite rivière, l'Andza, qui prend sa source dans la forêt de Kalalo, au nord-est de l'île. Elle se divise en quatre bras, dont l'un qui continue à porter le nom d'Andza, vient se jeter, comme le Fittalia, grand ruisseau, dans le fond du port. L'Andza est navigable en embarcation depuis son embouchure jusqu'à l'Habitation nationale, c'est-à-dire pendant près du quart de son parcours. Elle est ombragée par des arbres magnifiques, et ses rives sont couvertes d'herbes et de fleurs qui offrent le spectacle le

plus riant et le plus pittoresque. Un deuxième bras, plus
considérable, va se jeter à la mer dans l'est, après avoir
traversé une forêt et un lac. Le deuxième bras est bien
plus accidenté que le premier, et forme plusieurs cascades
curieuses à visiter; très peu encaissé et manquant de
profondeur, il n'est pas navigable. Le troisième bras, appelé rivière de Samaoun, se jette à la mer dans l'ouest.
Enfin dans le nord-ouest de l'île se trouve le quatrième
bras, désigné sous le nom d'Ankivir. La plupart des ruisseaux forment des marais dont les émanations sont perni-
cieuses.

La côte est très découpée, mais il n'y a réellement qu'un
port; fort étendu, parfaitement protégé, accessible par
tous les temps, qu'on aborde l'île par le sud ou par le
nord. Ce port renferme deux îlots. Le plus petit, appelé
île aux Forbans, a servi de lieu de détention aux déportés
de la Réunion, lors du complot Timagène-Houat (Voir volume
La Réunion). On y a établi aujourd'hui des parcs à
charbon. Le plus grand, qui porte le nom d'îlot Madame,
anciennement île Louquez, est le siège du gouvernement;
il est relié à Sainte-Marie, au sud, par un pont sur pilotis,
au nord, par un pont sur pilotis et bateaux.

LA POPULATION. — Ainsi qu'il a déjà été dit, la population de l'île Sainte-Marie est d'origine malgache et appartient principalement aux tribus betsimisarakes. Bien que
d'un caractère très doux, les habitants n'ont jamais voulu
consentir à parler la langue française qu'ils comprennent
pourtant très facilement. La population est de 6,000 à
7,000 habitants, parmi lesquels on ne compte guère qu'une
trentaine d'Européens.

Très indolent, ayant peu de besoins, le naturel vit au
jour le jour, du produit de sa pêche, sur les côtes où le
poisson est très abondant, et de quelques racines qu'il
récolte sur les terrains que l'administration met à sa disposition. Toute autre récolte lui donnerait trop de peine,
malgré l'extrême fertilité d'une partie de l'île.

Son breuvage favori est le betsabesse, sorte de boisson alcoolique composée de jus de canne, de riz fermenté et d'une écorce d'arbre qui donne à la liqueur une amertume très prononcée.

En résumé, ce n'est qu'avec des travailleurs immigrants, qu'il serait possible de faire des travaux de culture ou autres d'une certaine importance.

LA FAUNE. — La faune de Sainte-Marie est pauvre, mais en revanche, il n'y a pas d'animaux malfaisants; on y trouve bien des serpents, mais aucun n'est dangereux, et les crocodiles, si nombreux à Madagascar, y sont inconnus. On a essayé plusieurs fois d'importer des chevaux et des ânes; ils ont tous dépéri; aussi la colonie ne possède ni voitures ni bêtes de selle; un seul bourriquet rappelle vaguement aux colons qu'on peut circuler autrement qu'à pied ou en fitacon (le filanzane de Madagascar).

On n'y entend pas non plus les oiseaux babillards qui égayent les solitudes et divertissent des douloureuses pensées (Leguevel de Lacombe); toutefois un grand nombre d'oiseaux aquatiques habitent les marais épars dans les forêts. Ce sont les poules d'eau, les poules sultanes, les hérons, les sarcelles, les canards sauvages, plusieurs sortes de pigeons, des pintades et des coqs de bruyère (Schneider).

PRODUCTIONS ET COMMERCE. — Flacourt, dans la relation qu'il a faite de ses voyages à Sainte-Marie, dit que la terre y est très fertile par suite des pluies fréquentes, et que les indigènes y cultivent une grande quantité de riz. Il ajoute : « Les cannes à sucre viennent très belles; les habitants les cultivent seulement pour faire du *vin;* ils plantent les bananes, les ananas, le mil et les racines d'ignames, sans craindre le cochon, car il n'y en a pas. Le tabac vient le plus beau et le meilleur du monde. » Selon Flacourt, « le bestial (bétail) est fort beau, y ayant de très bons pâturages par toute l'île... Du côté de l'est on trouve fréquemment de l'ambre gris, sans les autres gommes

DIEGO-SUAREZ. — ANTSIRANE EN 1889.

odorantes qu'on trouve dans les bois. Il y a de la soie en
grande quantité, laquelle les nègres ne savent pas filer. Ils
la jettent et mangent le ver quand il est en *fève* (*sic*) ».

La description un peu enthousiaste de Flacourt, au point
de vue des productions naturelles de l'île, n'est pas corro-
borée par les autres voyageurs. Leguevel de Lacombe
entre autres, qui y passa en 1823, en laisse un tableau déso-
lant. Suivant lui, « l'île ne produit presque rien, n'est
utile à rien, même les bœufs venus de la grande terre dépé-
rissent... Il reste à peine cinquante hommes de l'expédition
de 1820, et la plupart sont dans un état maladif. L'hôpital
est plein de malades et de mourants; les convalescents se
traînent avec peine... Enfin tout le pays a un aspect déso-
lant ».

Il faut s'empresser d'ajouter que Leguevel de Lacombe
n'est resté que trois jours à Sainte-Marie et que la pluie
n'a cessé de tomber. L'appréciation du voyageur a été
évidemment influencée par l'état du ciel, et la vérité est
entre les deux relations qui viennent d'être citées.

Une chose reste toutefois acquise, c'est la très grande
fertilité du sol de Sainte-Marie sur une partie de son
étendue et la complète stérilité du reste de la superficie,
sauf pour ce qui concerne le giroflier.

Les arbres fruitiers, tels que pêchers, letchis, avocatiers,
manguiers, citronniers, etc., viennent très bien, et leurs
produits sont supérieurs à ceux de la Réunion.

La seule denrée d'exportation est le girofle, qui croît
dans toutes les parties de l'île. Les quantités moyennes
récoltées annuellement peuvent être évaluées à 30,000 kilogrammes, le prix moyen est de 1,200 francs les 100 kilogrammes et la plus grande partie de la récolte est
envoyée à Marseille.

Depuis le cyclone du 25 février 1885, soit que cette
tempête ait ébranlé les racines de ces arbres, soit pour
toute autre cause, on ne peut compter en réalité qu'une
année de bonne récolte sur deux. Toutefois l'on pourrait,

sans exagération, évaluer de 200,000 à 300,000 kilogrammes, sinon plus, le rendement du girofle dans l'île,
tout le territoire étant propre à cette culture, si les habitants étaient travailleurs; mais leur indolence est telle
qu'on ne pourra jamais arriver à un pareil résultat qui
pourtant serait une source de fortune. Quand la récolte
est bonne, les naturels en laissent perdre au moins la
moitié. (Extrait d'une lettre de l'administrateur de Sainte-

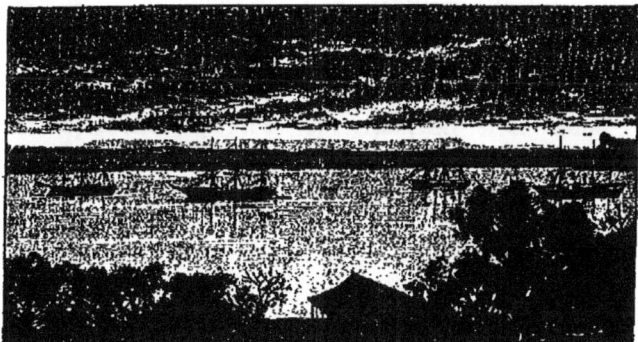

DIEGO-SUAREZ. — La rade.

Marie au ministre de la marine et des colonies, en date du
27 décembre 1888.)

Les autres cultures donnent des produits qui suffisent à
peine à la consommation locale. Les indigènes cultivent
quelques racines et un peu de riz, mais en si petite quantité que Sainte-Marie est obligée de s'en approvisionner à
la grande terre, d'où lui viennent également les bœufs
nécessaires à son alimentation. L'une des plantes les plus
utiles de l'île est le ravenala ou arbre du voyageur (voir
Notice sur Madagascar), qui croît naturellement dans les
plaines, et dont le tronc et les feuilles, habilement
employés, servent à bâtir entièrement les cases des Malgaches.

Un colon de la Réunion a commencé, sur une assez

grande échelle, des essais de caféiers Liberia et de cacaoyers qui paraissent devoir réussir.

La partie est de l'île est aride et balayée par le vent de la mer. Des plantations de cocotiers, de filaos et d'autres arbres analogues y donneraient des produits et constitueraient un abri contre les vents généraux.

Il existe, dans le nord, une forêt assez considérable d'où l'administration retire des bois de construction pour les navires. On y trouve aussi une plantation considérable de cocotiers dont l'exploitation constitue un certain revenu pour le fisc.

Le commerce général est naturellement peu important à Sainte-Marie. Les marchandises d'importation, quincaillerie, mercerie, tissus, vin, farine, liqueurs fortes et conserves, venaient de la Réunion et de Maurice. Les nouvelles communications directes et périodiques avec la France pourront changer cet état de choses. Toutes les marchandises entrent en franchise, sauf le rhum qui paye un droit de 1 franc par litre, et l'eau-de-vie et l'absinthe 50 centimes de droit de consommation.

Il n'existe aucun droit de port ni d'ancrage. Les navires qui demandent le pilote, ont seuls à payer un droit fixe de 25 francs, quel que soit leur tonnage.

La colonie se suffit par ses propres ressources et par une subvention de 35,000 francs que lui fait la Métropole, et qui couvre les dépenses du personnel administratif.

Les recettes locales s'élèvent de 80,000 à 90,000 francs.

ADMINISTRATION. — Après avoir été rattachée, le 27 octobre 1876, à la colonie de la Réunion, Sainte-Marie est, depuis l'année dernière, sous le gouvernement de Diego-Suarez.

Un administrateur réside dans l'île, ayant sous sa direction un préposé du trésorier-payeur de la Réunion, un garde-magasin, agent du matériel et des vivres, un instituteur et un commissaire de police chargé des fonctions du ministère public. Un médecin de la marine est chargé du service de santé ; un commis de marine est tout à la fois secrétaire du résident, greffier et notaire. Enfin il y a encore un conducteur des ponts et chaussées et un maître de port.

Le service du culte est confié à deux desservants.

Douze chefs de village sont en communication avec l'administrateur et viennent deux fois par mois prendre ses instructions. Ces chefs résument toute l'administration des villages, d'ailleurs fort peu importants. Leur autorité se fonde sur les coutumes et les pratiques indigènes. Ils mettent les naturels en réquisition pour certains services publics.

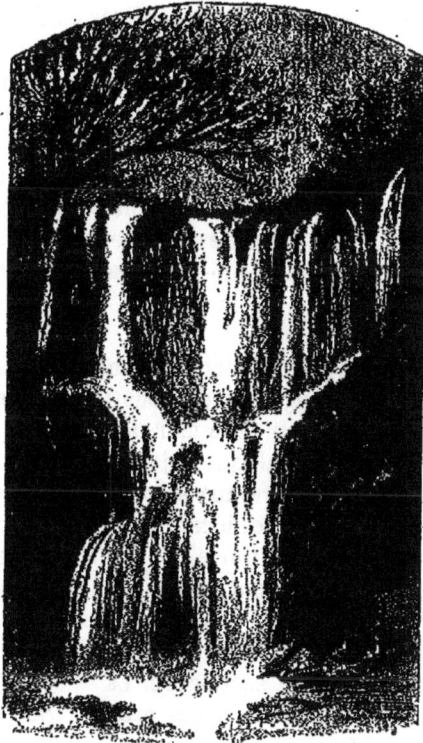

Cascade de Combani.

L'îlot Madame, où est située l'habitation de l'administrateur, a un phare bâti à la pointe, des hangars, chantiers de construction et magasins, un hôpital, etc.

Les plus grands navires peuvent accoster aux quais et se faire réparer. En 1846, la frégate *la Belle-Poule* s'y

est remâtée et, en 1886, *le Graville* de 3,500 tonneaux
y a séjourné.

En face de l'îlot Madame, s'élève en amphithéâtre la ville
d'Amboudifotre (Ambodifototra), le centre le plus populeux
de l'île, composée d'une série de maisons en bois, entourées
de jardins. Sur la plage sont des cases, faites en nattes très
épaisses, garantissant contre la pluie et les rayons toujours
brûlants du soleil ; la ville a une population de 1,200 habitants indigènes. Modifiés par notre contact, ils ont pris
quelques-uns de nos usages ; ils ont à peu près adopté
notre costume, du moins dans ses parties essentielles.

A l'extrémité sud de la ville est une église catholique et,
à côté, une école de filles tenue par les sœurs de Saint-
Joseph de Cluny. Au-dessus se dressent le fortin bâti, en
1753, en vue de la défense de l'île, et la caserne des
troupes.

Toutes ces habitations sont perdues au milieu d'une
forêt de manguiers, de cocotiers et d'autres arbres fruitiers ; aussi, vu de la mer, le panorama est ravissant.

Un pont métallique rejoindra bientôt la résidence à la
ville ; d'autres travaux seront entrepris au fur et à mesure
que les ressources locales le permettront.

Après Amboudifotre, les seuls centres de population un
peu importants sont les villages de Rantalava, Bata et Pataka.

CLIMATOLOGIE. — Le climat de Sainte-Marie est humide
et malsain. Les pluies commencent en décembre et conti-
nuent jusqu'en septembre. La saison sèche ne dure que
trois à quatre mois. Les orages, très fréquents à Madagascar, à partir du mois de décembre, s'approchent rarement de Sainte-Marie ; les cyclones y sont beaucoup plus
rares que dans les parages des Mascareignes.

Les raz de marée sévissent souvent sur la côte orientale
de Sainte-Marie, mais se font peu sentir dans le canal et
dans la rade. En 1874 cependant, on en a constaté un assez
violent pour démonter en partie le pont de bateaux qui
relie l'îlot Madame à Sainte-Marie.

Les variations thermométriques sont très sensibles : de
37°,5 pendant le jour, le thermomètre descend quelquefois
la nuit à 23 et 24 degrés centigrades. La plus haute température moyenne est de 35 degrés, et la plus basse de
19 degrés centigrades. La côte orientale est rafraîchie
par les grandes brises marines du sud-est, qui renouvel-
lent sans cesse l'atmosphère ; malheureusement les récifs

Voyageur en filanzane (fitacon).

rendent cette côte inabordable et les Européens ont dû
s'établir sur la côte occidentale, la seule qui offrît les
éléments d'un bon port.

Carpeau de Saussay, dans son voyage à Madagascar
publié en 1722, appelle Sainte-Marie le « cimetière des
Français ». Ce nom que l'on a donné depuis à toutes nos
possessions de Madagascar, est malheureusement justifié,
plus encore par la faute des hommes que par celle du
climat. Avec une ignorance, excusable lors des premiers
envois, mais condamnable plus tard, on a presque tou-

jours amené nos malheureux colons à l'époque où les émanations pestilentielles des marais sont continues. Même Sylvain Roux, qui avait fait pourtant un long séjour sur la côte de Madagascar, arriva, avec son convoi, à l'époque de l'année la plus défavorable ; aussi la mortalité fut-elle considérable.

Sans vouloir délivrer à Sainte-Marie un certificat de salubrité, on peut dire qu'elle vaut mieux que sa réputation qui est déplorable, il est vrai. Le docteur Borius, qui a étudié d'une façon toute particulière le climat de cette colonie, dit dans son livre publié en 1870 : « Un fait prouve que cette insalubrité n'est pas telle qu'on se l'imagine, c'est l'acclimatement presque complet d'Européens qui y vivent depuis un quart de siècle. Sans doute ils sont sujets à des accès de fièvre intermittente, mais ils les supportent parfaitement. »

Là plus encore que partout ailleurs, on ne conserve ses forces physiques et intellectuelles que grâce à un régime sévère et à un exercice régulier. « L'excès tue de même que la tempérance conserve » (Schneider).

MOYENS DE COMMUNICATION. — De même que tous les autres points de la ligne orientale d'Afrique, Sainte-Marie est desservie mensuellement par les paquebots de la Compagnie des Messageries maritimes ; son escale est entre celle de Diego-Suarez et celle de Tamatave. Les prix du passage depuis Marseille sont : 1re classe, 1,425 francs, 2e classe, 900 francs, 3e classe, 450 francs ; de Sainte-Marie à la Réunion le prix est de 150, 115 et 55 francs suivant la classe.

Comme pour Diego-Suarez et Tamatave, le prix du fret est de 60 francs le mètre cube ou les 1,000 kilogrammes au choix de la Compagnie.

Renseignements statistiques.

MAYOTTE.

Dépenses.

Dépenses ordinaires Chap. I. Services administratifs.	102,400	fr.
— — Chap. II. Hopitaux............	29,790	»
— — Chap. III.	78,350	»
— — Chap. IV.	10,500	»
— — Chap. V.	24,100	»
Dépenses extraord. Chap. VI.	» »	»
Total.........	245,140	fr.

Recettes.

Recettes ordinaires Chap. I. Contributions directes.	120,000	fr.
— — Chap. II. — indirectes.	52,640	»
— — Chap. III. Produits divers	67,400	»
— — Chap. IV. Exercices clos........	» »	»
— — Chap. V Reversement en vue d'atténuation des dé-penses............	» »	»
Recettes extraord. Chap. VI........................	5,100	»
Total général.....	245,140	fr.

NOSSI-BÉ.

Dépenses.

Chap. I. Dettes exigibles.............	20,000 fr.	»
Chap. II. Dépenses d'administration.....	79,867	10
Chap. III. Instruction publique.........	18,585	88
Chap. IV. Hopitaux. Service sanitaire ...	29,133	46
Chap. V. Travaux publics............	35,137	17
Chap. VI. Dépenses diverses...........	15,598	»
Chap. VII. — des exercices clos....	mémoire.	
Total général....	198,321 fr.	61

Recettes.

Chap. I.	Enregistrement et domaines...	12,350 fr.	»
Chap. II.	Contributions directes.........	69,951	61
Chap. III.	Contributions directes.........	55,000	»
Chap. IV.	Produits divers	61,020	»
Chap. V.	Recettes des exercices clos.....	mémoire.	

Total général..... 198,321 fr. 61

SAINTE-MARIE DE MADAGASCAR.

Dépenses........................... 123,829 fr. 53

Recettes. — Contributions directes......	9,179	53
— indirectes....	41,650	»
Subvention métropolitaine..	35,000	»
Produits divers	38,000	»

Total général...... 123,829 fr. 53

Bibliographie.

BORIUS. — *Étude sur le climat de l'île de Sainte-Marie de Madagascar.* Paris, 1870.

H. CAPITAINE. — *Nossi-Bé et dépendances* (l'Exploration), 1878.

CARAYON. — *Histoire de Madagascar pendant la Restauration.* Paris, 1885.

CARPEAU DE SAUSSAYE. — *Voyage de Madagascar* (1722).

DEBLENNE (P. Richard). — *Géographie médicale de Nossi-Bé.*

DOUBLET. — *Quelques mots sur Nossi-Bé.* Paris, 1870.

FLACOURT. — *Histoire de la grande isle de Madagascar,* 1661.

GEVREY. — *Essai sur les Comores.* Pondichéry, 1870.

GUILLAIN. — *Documents sur Madagascar.* Paris, 1845.

HARTMANN. — *Madagascar und die Inseln Seychellen.* Leipzig, G. Freytag, 1886.

HERLAND. — *Essai sur la topographie de Nossi-Bé.* Paris, Revue coloniale, 1856.

HILDEBRANDT. — *Zeitschrift für Erdkunde.* Leipzig, 1885.

JOUAN. — *Notes sur les archipels des Comores,* 1870.

VON JEDINA. — *L'Île de Nossi-Bé.* Rev. géogr. internationale, décembre 1877.

OTTO KERSTEN. — *Von der Decken's Reisen in Ost. Afrika.* Leipzig, 1883.

H. LE CHARTIER ET G. PELLERIN. *Madagascar.* Paris, Jouvet, 1888.

LOUIS PAULIAT. — *Madagascar.* Paris, C. Lévy, 1884.

ÉLISÉE RECLUS. — *Nouvelle Géographie universelle.* Paris, Hachette, 1888.

SCHNEIDER. — *Voyage en zigzags à Sainte-Marie de Madagascar.* Saint-Denis (Réunion), 1886.

VINCENT. — *Société de Géographie de Paris,* 1872.

ALFRED R. WALLACE. — *The Island life.*

Collections photographiques de l'Exposition permanente des colonies.

Collections photographiques de la Société de géographie : collection Humblot.

Collection photographique de M. G. Richard.

DIEGO-SUAREZ — NOSSI-BÉ — Ste MARIE

PAR PAUL PELET — 1889 — N° 11

ÎLE Ste MARIE (N. BRAHA)

OCÉAN INDIEN

OCÉAN INDIEN

MADAGASCAR

NOSSI-BÉ

CANAL DE MOZAMBIQUE

BAIE DIEGO-SUAREZ

Cap d'Ambre

Montagne d'Ambre

Pic Saint-Louis

Baie Williams Pitt (Sadova)

Baie d'Ambato

Baie de Passandava

Échelle de 1 : 1 000 000 (1 millim. vaut 1 kil.)

Gravé par E. Hausermann. — Paris, Imp. Lemercier et Cie

Les Colonies Françaises. — Maison QUANTIN, Éditeur. — par St. Benoit, Paris.

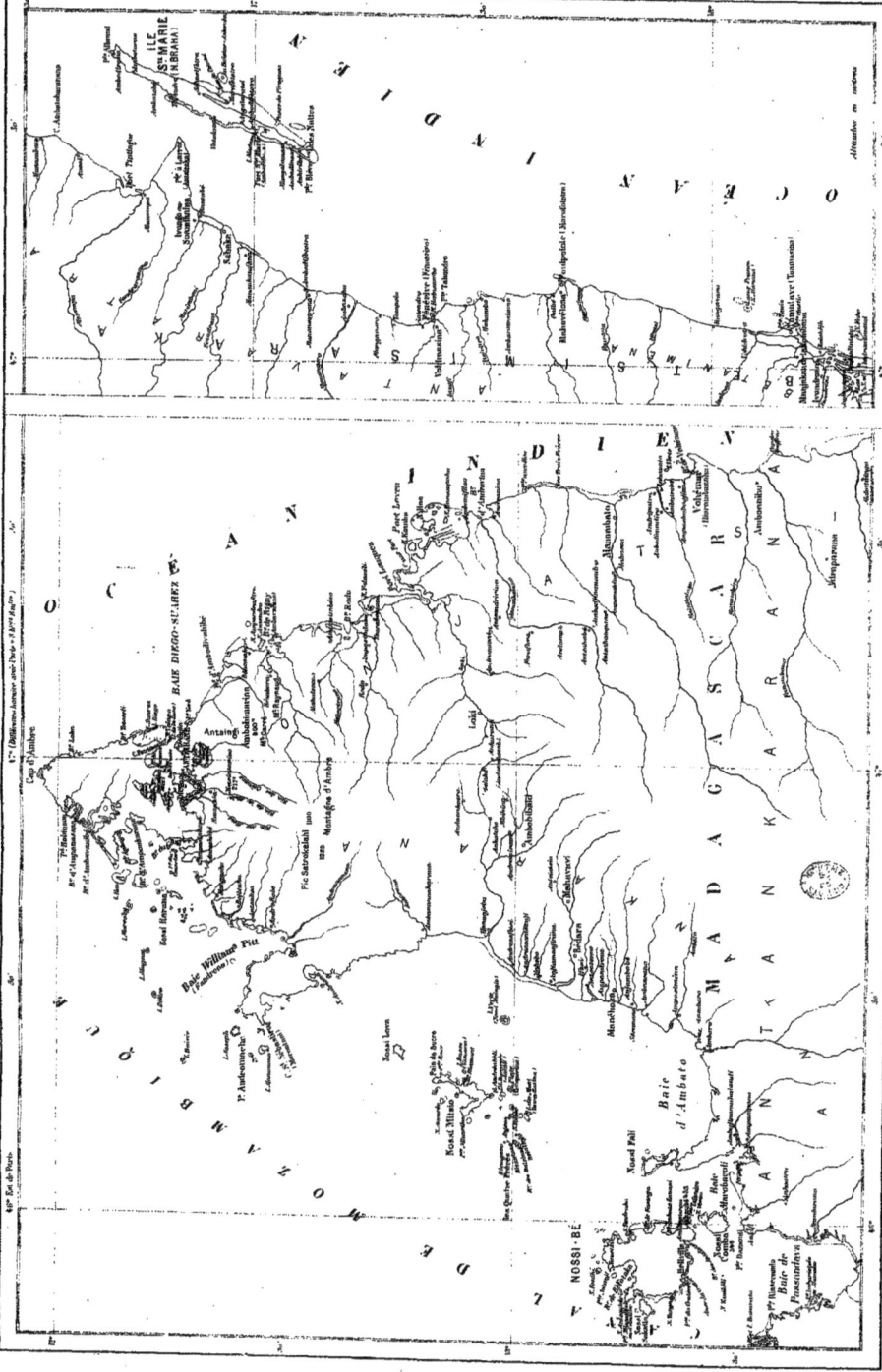

CHALLAMEL et Cie Éditeurs, 5 rue Jacob, Paris

48° Est de Paris

45° Est de Paris

23 Janu 8

www.ingramcontent.com/pod-product-compliance
Lightning Source LLC
Chambersburg PA
CBHW070636100426
42744CB00006B/698